위로,
위를
바라보게
하는 힘

위로,
위를
바라보게
하는 힘

조봉희 지음

교회성장연구소

머리말

위로자도 위로가 필요하다. 가게나 회사에서 초년생일수록 위로를 해 주어야 한다. 신입사원이 주변으로부터 격려를 받을수록 힘을 얻는다. 의욕적으로 기운차게 일한다. 뿐만 아니라, 중역의 위치에 있는 자도 위로를 받아야 한다. 기업의 대표자가 위로를 받고 힘을 얻으면 그 부메랑효과가 누구에게로 가겠는가? 상생행복을 창출한다. 이처럼 서로서로 위로가 필요하다. 자녀들도 격려를 받아야 하지만, 부모 역시 위로가 필요하다. 위로 받는 부모를 통해 자녀들이 복을 누린다. 그래서 우리는 모두, 너 나 할 것 없이 위로가 필요하다. 위로는 죽은 사람도 살아나게 한다.

지금 이 시대야말로 비난 대신 위로, 공격 대신 격려가 필요하다. 깎아내릴 것이 아니라, 세워 줘야 한다. 물고 뜯을 것이 아니라, 힘을 실어 주어야 한다. 기를 꺾지 말고, 기를 세워 주자. 우리가 어떤 가정으로 충고해 주느냐보다, 어떤 가슴으로 위로해 주느냐가 중요하다. 그러므로 우리는 비난(sarcasm)보다는 받쳐줌으로(support), 차가운 이론(logic)보다는 따뜻한 사랑으로(love), 냉정한 충고(advice)보다는 온후한 인정(affirmation)으로 사람을 세워 주자.

그래서 사도 바울은 서로 위로하며 살자고 호소한다. 본인 자신이 하나님으로부터 큰 위로를 받으며 살았기 때문이다. 그는 선교현장에서 너무 힘겹게 짓눌리는 일들을 헤아릴 수 없이 겪었다. 그는 오지에서 힘들고 외로워 잠 못 이루는 밤을 수없이 보내기도 했다. 어떤 경우에는 살 희망마저 잃을 지경에 이르기도 했다. 마치 사형선고 받은 자의 신세와 비슷했다. 그런데도 그가 오뚝이처럼 일어서는 자가 될 수 있었던 원동력은 하나님의 위로와 함께 여러 사람들로부터 위로를 힘입은 덕분이다.

우리 주변에 가슴이 따뜻하고 공감을 잘하는 분일수록 위로를 경험한 사람이다. 위로를 받아본 자만이 위로할 수 있다. 마치 아파본 의사가 환자를 잘 치료해 줄 수 있는 것과 같다. 동병상련으로 보듬어 주는 친구가 되어 주기 때문이다. 우리 예수님께서 하늘 아버지의 위로를 받으며 사셨기에 가슴 훈훈한 위로자로 사역하신 것이다. 위로는 말로 하는 것이 아니라, 가슴으로 나누는 것이다. 소위 카타르시스를 나누는 것이다. 이처럼 위로는 품어 주고, 세워 준다. 공감해 준다. 힘을 실어 주어 일어나게 한다. 위로라는 말 자체가 옆에서 힘을 실어 준다(com + fortis)는 뜻이다. 당신은 누군가에게 큰 힘을 얻었을 뿐만 아니라, 큰 힘이 되어 주고 있다.

특히 기독교의 위로는 단순히 슬픔을 달래 주는 정도가 아니다. 잠잠히 하나님을 바라보게 해준다. 하나님을 의지함으로 영혼이 살아나게 해준다. 그러니 서로 위로하고 위로 받을수록 함께 성숙해 간다. 이것이 고린도후서라는 바울의 편지내용이다. 서로 위로하며 함께 치유 받고, 함께 회복해 가자는 애틋한 호소다. 위로를 통해 서로 나아져 가는 미래를 꿈

꾸며 살자고 한다. 고린도후서의 대미는 우리가 얼마나 위로하며 살아가느냐에 따라 실격자가 아닌, 합격자로 인정받을 것이라는 하나님 나라 환상을 보여 준다.

이 책은 토요새벽기도회 때마다 강해한 단순 메시지이지만, 우리 모두에게 꼭 필요한 위로를 총론적으로 다루어 보았다. 조금이라도 위로가 되기를 바랄 뿐이다. 우리가 서로 위로하며 살면 인생의 어떤 소용돌이와 악천후에서도 멋진 승리자가 될 수 있다.

오늘도 하나님은 당신을 위로해 주실 뿐만 아니라, 진정한 위로자가 되기를 바라신다. 당신도 하나님처럼 자애로운 위로자(compassion & comfort)가 될 수 있다. 그러므로 서로 위로하며 살아가자!!!

이번에도 이 책이 나오기까지 지고지선으로 수고를 아끼지 않은 교회성장연구소 출판팀과 지구촌교회 목양팀에게 감사로 위로해 드린다. 그리고 부족한 저를 넘치는 위로로 보듬어 주시는 모든 분들에게 성부 성자 성령의 위로은총을 간구 드린다. '너희는 위로하라. 서로 위로하라.'

위로의 빚진 자
조봉희

목차

01

저를 위로해
주세요

고린도후서 1:1-11

01

저를 위로해 주세요

고린도후서 1:1-11 | 쉬운성경

¹ 하나님의 뜻에 의해 그리스도 예수의 사도가 된 나 바울과 형제 디모데는 고린도에 있는 하나님의 교회와 아가야 전 지역에 있는 모든 성도들에게 이 편지를 씁니다. ² 하나님 우리 아버지와 주 예수 그리스도께서 내리시는 은혜와 평강이 여러분에게 있기를 빕니다. ³ 우리 주 예수 그리스도의 하나님과 아버지를 찬송합니다. 그분은 인자하신 아버지이시며, 모든 위로의 아버지이십니다. ⁴ 하나님은 우리가 여러 가지 환난을 당할 때 위로해 주셔서, 우리가 하나님께 받은 위로로써 여러 환난을 당한 사람들을 위로할 수 있게 하셨습니다. ⁵ 그리스도의 고난이 우리에게 넘쳐나는 것처럼, 그리스도로 말미암아 받는 우리의 위로도 넘치게 되었습니다. ⁶ 우리가 환난을 당한다면, 이것은 여러분을 위로하고 구원 받게 하기 위한 것입니다. 우리가 위로를 받는다면, 그것도 여러분을 위로해 주기 위한 것입니다. 이 위로로 여러분은 우리가 당하는 고난과 동일한 고난을 받을 때에 오래 참습니다. ⁷ 여러분을 향한 우리의 소망은 확고합니다. 왜냐하면 여러분이 우리가 당하는 고난에 참여한 것처럼 우리가 받는 위로에도 참여하고 있음을 알기 때문입니다. ⁸ 성도 여러분, 우리가 아시아 지방에서 당한 환난을 여러분이 알아 주시기를 원합니다. 우리는 감당하기 어려운 환난을 당해, 삶의 소망조차 없었습니다. ⁹ 마음속으로는 사망 선고를 받았다는 느낌마저 들었습니다. 그러나 이렇게 된 것은 우리 자신을 의지하지 않고, 죽은 자를 살리시는 하나님을 의지하도록 하기 위해서였습니다. ¹⁰ 하나님께서는 이렇게 무서운 죽음의 위기에서 우리를 구원하셨으며, 앞으로도 구원하실 것입니다. 우리는 하나님께서 계속해서 우리를 구원해 주실 것이라는 소망을 하나님께 두겠습니다. ¹¹ 여러분도 기도로써 우리를 도와주십시오. 하나님께서 많은 사람들의 기도를 들으시고 우리에게 은혜를 주셨는데, 이 일로 말미암아 많은 사람이 하나님께 감사하게 될 것입니다.

올림픽의 꽃으로 불리는 마라톤 경기의 피날레는 모든 사람들에게 큰 감동을 줍니다. 42.195km의 결승점을 향해 열심히 달려온 선수가 서서히 한계에 도달해 숨을 헉헉거리며 지쳐 갈 때, 길가에 서 있는 수많은 사람들이 응원의 소리를 보냅니다. 그러면 곧 쓰러질 것 같았던 선수는 다시 힘을 얻고, 목적지까지 달릴 수 있습니다.

이것이 위로입니다. 사도 바울은 당시 헬라 사람들이 쉽게 알아들을 수 있고, 누구나 공감할 수 있는 운동경기 용어인 '위로'를 사용합니다. '위로하다'는 뜻의 'comfort'는 '옆에 와서'라는 의미의 라틴어 'com'과 '힘을 실어 주다'는 의미의 'fortis'가 합해진 말로, '옆에서 힘을 실어 준다'는 뜻입니다. 즉, 누군가를 위로한다는 것은 단순히 슬픔을 달래 주는 소극적 행위가 아니라, 기운을 불어넣고 힘이 솟아나게 하는 적극적인 행위입니다.

사람은 누구나 위로가 필요합니다. 위로를 먹고 살아가는 존재라고도 할 수 있습니다. 자녀를 키우다 보면, 때로 호되게 꾸중을 할 때가 있습니다. 잘못을 지적하고, 무엇이 잘못되었는지 알려 주는 것은 필요한 일입니다. 그런데 거기서 끝나면 안 됩니다. 그 다음이 중요합니다. 반드시 안아 주고 보듬으며 위로해 주어야 합니다. 아이는 꾸중보다 위로의 말에 더 깊이 뉘우치게 되기 때문입니다.

사도 바울도 그러한 이유로 고린도후서라는 편지를 썼습니다. 여러 가지 문제로 말썽을 피운 고린도교회를 엄중하게 질타한 것이 고린도전서라면, 고린도후서는 그런 그들을 사랑으로 감싸고 보듬는 위로의 메시지입니다. 다시 말해서, 고린도후서는 과거의 상처와 아픔을 씻고 새 마음

위로, 위를 바라보게 하는 힘

으로 시작하자는 위로의 서신입니다.

이를 나타내듯 바울은 고린도후서에서 '위로'라는 말을 무려 18번이나 반복합니다. 그뿐만 아니라 고린도후서는 위로로 시작하고, 위로로 마무리합니다.

> 성도 여러분, 마지막으로 인사를 드립니다. 기뻐하십시오. 온전하게 되십시오. 서로 위로하십시오. … 그러면 사랑과 평강의 하나님께서 여러분과 함께 하실 것입니다. (13:11, 쉬운성경)

그렇다면 사도 바울은 위로의 편지인 고린도후서를 통해 오늘 우리에게 어떤 메시지를 줄까요?

하나님의 위로를 받으며 살아갑시다

사도 바울은 고린도교회 성도들이 과거의 아픔, 지난날의 잘못을 깨끗이 씻고 새로운 도약을 이룰 수 있도록 다음과 같은 말로 편지를 시작합니다.

> 우리 주 예수 그리스도의 하나님과 아버지를 찬송합니다. 그분은 인자하신 아버지이시며, 모든 위로의 아버지이십니다. (3절, 쉬운성경)

한글성경에서는 번역상 '인자하신 아버지이시며, 위로의 아버지이십니다'로 분리해서 표현하지만, 영어성경에서는 "compassion and comfort", 곧 "하나님은 자비로운 위로의 아버지이십니다"라고 표현합니다.

앞서 언급했듯이 바울은 고린도후서에서 '위로'라는 말을 총 18번 쓰는데, 1장에서만 10번을 사용합니다. 잘못을 꾸중한 첫 번째 편지와 달리, 이 두 번째 편지를 쓴 이유는 위로임을 밝히는 것입니다.

사실 그가 험난한 선교 현장에서 지치지 않을 수 있었던 원동력 또한 하나님의 위로하심이었습니다. 바울은 선교 현장에서 괴롭고 힘겨운 일들을 많이 겪었습니다. 살 희망마저 잃을 지경에 이른 적도 있습니다. 마치 사형선고를 받은 몸으로 느끼기도 했다고 고백할 정도이니, 그 심리적 위축과 고통이 상상이 되십니까? 그럼에도 그는 무너지지 않았습니다. 오뚝이처럼 다시 일어났습니다. 하나님의 위로하심을 넘치도록 경험했기 때문입니다.

성경에는 인생의 처절한 시련과 아픔을 극복한 사람들이 많이 등장합니다. 그런데 그들에게서 한 가지 공통점을 발견할 수 있습니다. 바로 하나님의 위로를 힘입었다는 것입니다. 모세가 광야에서 지칠 때마다 하나님은 그를 다정하게 위로해 주셨습니다. 다윗이 고독하고 서글플 때마다 하나님은 그를 찾아와 따뜻하게 안아 주셨습니다. 엘리야와 다니엘이 외롭고 두려울 때마다 하나님은 친구처럼 찾아오셔서 부드러운 손길로 그들을 어루만져 주셨습니다.

하나님은 오늘도 지쳐 있는 우리에게 위로의 영으로 찾아오십니다. 바울처럼 욱여쌈을 당하고, 감당하기 버거운 일로 숨이 쉬어지지 않을 때, 사라지고 싶을 만큼 절망적인 순간에, 주님은 우리를 찾아오셔서 우리의 상한 마음을 위로해 주십니다. 탈진 상태에 있는 우리의 내면을 어루만져 주시고 우리에게 새 힘과 새 기운을 주십니다. 든든한 버팀목이 되어 주십니다. 인생의 다정한 친구가 되어 주십니다.

성경 전체를 관찰해 보면 삼위일체 하나님은 진정한 위로자이심을 알수 있습니다. 성부 하나님은 언제나 외롭고 고독한 자, 홀로 남아 있는 자를 찾아가 위로해 주십니다. 절망 가운데 빠져 있는 사람의 곁에서 힘이되어 주십니다. 의로운 오른손으로 힘 있게 붙잡아 주십니다(사 41:10). 군세게 해주시며, 하나님의 지혜로 인도해 주십니다(시 73:23-24). "어머니가 자식을 위로함같이 내가 너희를 위로할 것이라"고 분명히 약속하십니다(As a mother comforts her child, so I'll comfort you)(사 66:13).

성자 예수님은 늘 소외되어 외로운 자들, 약한 자들의 편에 서셨습니다. 그들의 다정한 친구가 되어 주시고, 따뜻하게 먼저 말을 걸어 주셨습니다. 그들에게 용기를 심어 주시고, 힘을 불어넣어 주셨습니다. 예수님은 자신이 많은 시험을 받고 고난을 직접 당하셨기에, 시험받는 자들을 기꺼이 위로해 주시며 도와주십니다(히 2:18). 오늘도 예수님은 여러 가지사연으로 힘든 우리를 찾아오셔서 위로해 주실 것을 믿으십시오. 실패한제자들, 위축된 제자들을 찾아가셔서 직접 떡을 먹이시며 따뜻하게 위로하신 그 예수님을 만나는 은혜가 있기를 바랍니다.

'보혜사'로 번역된 헬라어 '파라클레토스'는 성령님을 나타내는 이름 중 하나로, 곁으로 다가오셔서 함께 속삭여 주시는 위로의 영을 뜻합니다. 성령님은 지친 우리에게 힘을 실어 주셔서 우리 안에 새로운 의욕이 샘솟게 하십니다. 낙심과 좌절에서 다시 일어나게 하시며, 실패 이전보다 훨씬 더 강하고 용감하게 되도록 새 기운을 불어넣어 주십니다(요 14:16, 15:26, 롬 15:13).

이것이 사도 바울이 체험한 하나님의 위로입니다. 하나님이 우리에게 무거운 짐을 주실 때는 감당할 수 있는 어깨도 함께 주십니다. 인생의 문제를 주시는 하나님은 이겨 낼 힘도 겸하여 주십니다. 다시 말해서, 그 일을 감당할 수 있다고 주님이 나를 평가해 주시는 것입니다.

기독교 초기 서머나교회의 담임이었던 폴리캅(사도 요한의 제자)은 이런 고백을 했습니다.

"주여, 내가 고난을 당할 자격이 있다고 판단해 주신 것을 감사하나이다."

우리는 종종 삶의 시련 앞에서 '왜 내게, 내 가정에, 내 인생에 이런 고난이 있는가?' 하고 한탄합니다. 그러나 충분히 이겨 낼 수 있음을 믿으시기 바랍니다. 고난과 더불어 힘을 주시는 하나님이 계시기 때문입니다.

하나님의 위로를 체험한 바울은 우리에게 두 가지 사실을 확신시켜 줍니다. 첫째, 하나님은 환난을 견디게 해주시고(4절), 둘째, 환난에서 건져 주십니다(10절). 주님은 고난 가운데 있는 우리에게 위로의 주님, 새 힘을 주시는 친구가 되어 주셔서 우리가 환난을 견디고 이겨 낼 수 있게 도와주십니다. 이처럼 하나님은 자비로운 위로의 아버지이십니다.

서로 위로하며 살아갑시다

고난과 시련을 잘 견뎌 낸 사람일수록 아픈 사람의 마음을 잘 헤아리고, 누군가 힘든 일을 당할 때 세심하고 따뜻한 위로를 건넬 수 있습니다. 동병상련의 심정으로 진실한 친구가 되어 줍니다. 그 아픔과 힘겨움을 누구보다 잘 알기 때문입니다. 마찬가지입니다. 하나님의 위로를 체험한 사람이 다른 사람을 진정으로 위로하게 됩니다. 사랑도, 위로도 받은 만큼 줄 수 있습니다.

이와 관련된 재미있는 이야기가 있습니다. 어떤 집에 강도가 침입했습니다. 흉기를 든 강도는 집주인에게 손을 들라고 말합니다. 그런데 집주인은 손을 들지 않습니다. 강도가 의아해하며 묻습니다. "겁도 없이 왜 손을 들지 않느냐?" 집주인이 대답합니다. "요즘 오십견이 와서 치료 중이라 팔을 들 수 없습니다." 그러자 강도가 자신도 오십견으로 고생하고 있다며 어디서 어떻게 치료받고 있는지 묻는 게 아닙니까? 그렇게 둘이 친구가 되었답니다. 그야말로 동병상련입니다.

하해룡 목사님이 벧엘교회에서 목회하실 때의 일입니다. 교인 한 분이 여름수련회 때 익사 사고로 아들을 잃는 안타까운 일이 있었습니다. 그 어떤 말도 그분에게 위로가 되지 않았습니다. 자녀가 죽었는데 무엇이 위로가 되겠습니까? 그로부터 몇 년이 지나고, 목사님의 아들이 군대에서 사고로 전사하고 말았습니다. 그런데 그 일 이후, 그 교인은 목사님과 악수를 할 때마다 위로를 받았습니다. 그때 목사님이 이런 말씀을 하셨습니다. "말이 필요 없다. 서로 눈빛만 봐도 위로가 된다."

그렇습니다. 위로는 말로 하는 것이 아니라, 가슴으로 나누는 것입니다.

바울은 본인이 하나님의 섬세한 위로를 체득한 자로서 이런 진솔한 간증을 들려줍니다.

> 하나님은 우리가 여러 가지 환난을 당할 때 위로해 주셔서, 우리가 하나님께
> 받은 위로로써 여러 환난을 당한 사람들을 위로할 수 있게 하셨습니다.
> (4절, 쉬운성경)

아픔이 있습니까? 인생의 많은 숙제를 떠안고 있습니까? 갖가지 사연을 안고 살아가는 지치고 우울한 사람들에게 진정한 위로자가 될 수 있도록 하나님께서 나를 만들어 가시는 것이라고 믿습니다.

사람은 누구나 자신이 위로를 받은 만큼 남을 위로할 수 있습니다. 그래서 바울은 더욱 역동적으로 다음과 같이 말합니다.

> 그리스도의 고난이 우리에게 넘쳐나는 것처럼, 그리스도로 말미암아 받는 우
> 리의 위로도 넘치게 되었습니다. (5절, 쉬운성경)

이 말씀을 붙들기를 권합니다. 우리가 하나님의 위로를 체험하여 우리 곁에 있는 고난당하는 자가 힘든 시간을 잘 인내하며 이겨 낼 수 있도록

위로, 위를 바라보게 하는 힘

위로해 줄 수 있기를 바랍니다.

덧붙여 사도 바울은 이렇게 간곡하게 호소합니다.

당신 자신이 날마다 하나님의 위로를 힘입어 사는 자라면, 이제는 고난 중에 있는 자들을 찾아가 위로하고 힘이 되어주십시오! (6-7절 참조)

오늘날과 같은 위기의 시대에는 따뜻한 위로자가 필요합니다. 삶의 애환을 나누고 함께 아파하며 격려하는 자가 필요합니다. 시련 중에 넘어지지 않도록 곁에서 힘이 되어 주는 자가 필요합니다. 고난 앞에서 꿈을 포기하지 않도록 잘 붙들고 세워 줄 자가 필요합니다. 아픔과 슬픔을 인내하며 나아갈 수 있게 힘을 실어 주는 자가 필요합니다. 하나님은 우리에게 이 고귀한 사명을 맡기십니다.

너희는 위로하라 내 백성을 위로하라 (사 40:1, 개역개정)

그러면 우리가 사람들을 어떻게 위로하면 좋을까요? 고린도후서 1장은 그 해답을 가르쳐 줍니다.

첫째, 하나님을 의지하도록 위로합시다

누군가를 위로할 때 값싸게 동정하는 수준을 뛰어넘어야 합니다. 기독교는 유약한 동정의 종교가 아닙니다. 감정적인 동조로 순간적인 안정을 주거나 위로하는 이에게 기대게 하는 것이 아닙니다. 힘들고 고달픈 상황에 처한 사람이 능력의 하나님을 바라보도록 영혼에 힘을 실어 주는 것이 위로의 본질입니다.

> 우리는 우리 자신의 힘이나 지식에 의지해 거기에서 벗어나게 하지 않고, 죽은 사람도 살리시는 하나님만 전적으로 의지하게 하기 위함입니다.
> (9절 참조)

얼마나 멋있습니까? 바울은 절망을 극복하게 하시는 하나님을 의지하도록 고린도교회 성도들을 위로합니다. 어눌한 말솜씨나 어설픈 표현이라 해도 누군가를 하나님을 의지하도록 이끌어 준다면, 당신은 충분히 훌륭한 위로자이자 상담자입니다.

둘째, 서로 기도로 도웁시다

성경이 말하는 위로의 또 다른 본질은 '기도로 돕는 것'입니다. 우리가 할 수 있는 최고의 위로 중 하나는 기도입니다.

> 여러분은 기도로 우리를 도와주십시오. 그러면 많은 사람들의 기도에 대한 응답으로 우리가 받게 된 은총을 두고, 많은 사람이 우리 때문에 하나님께 감사를 드리게 될 것입니다. (11절 참조)

여기 "기도로 도와주십시오"라고 번역된 문장을 헬라어로 살펴보면, "'함께' 기도로 도와주십시오"라는 복수 형태인 것을 알 수 있습니다. 누군가를 도울 때, 함께 기도해 주는 것만큼 좋은 것이 없습니다. 기도는 최고의 위로, 최고의 도움입니다. 이것이 바로 기도 동역, 기도의 'companionship'입니다. 외롭고 힘들다고 'complain'하지 말고, 나를 위한 기도의 'companion'을 많이 확보하시기 바랍니다.

한마음으로 함께 기도하며 도와주면, 놀라운 일이 벌어집니다. 오늘 말씀을 쉽게 풀면 다음과 같습니다. "많은 사람들의 기도로 은혜의 응답이 이루어져서 많은 사람들이 하나님께 감사를 드린다." 많은 이들이 연약한 나를 위해 기도해 주었기 때문에 그 기도의 응답으로 내가 낙심과 좌절에서 벗어나 회복되고, 그런 나를 통해 많은 사람들이 하나님께 감사하게 되는 것. 이것이 기도 응답의 놀라운 은혜입니다.

그래서 야고보서 5장 16절에서는 "병 낫기를 위해 서로 기도하라. 그러면 역사하는 힘이 크다"라고 확신시켜 줍니다. 서로 기도할 때 하나님은 그분의 일하심을 보여 주십니다.

우리는 서로 위로하며 살아야 합니다. 앞서 말했듯이 최고의 위로 방법은 기도입니다. 하나님의 위로하심을 경험하고 싶으십니까? 그러면 기도 부탁을 하십시오. 때로는 자존심을 내려놓고 도움을 요청할 수 있어야 합니다. 부끄러움을 내려놓고 기도를 부탁할 수 있어야 합니다. 우리가 할 수 있는 최고의 부탁은 '기도부탁'입니다. 사도 바울 같은 영적 거장도 사람들에게 기도를 자주 부탁했음을 기억하십시오.

가능하다면 많은 사람의 기도지원을 받으시기를 권합니다. 많은 사람에게서 기도를 받는 만큼 하나님의 위로가 넘치고, 많은 응답이 이루어집니다.

오늘 말씀에서 위로의 삶을 위한 공식을 뽑아낸다면, '기도부탁과 기도지원'입니다. 예수님은 서로 기도로 도우며 살라고 여러 번 당부하십니다. 그래서 합심기도와 중보기도의 위력을 여러 곳에서 보여 주시며 강조하십니다. 오늘 우리도 예수님의 심장으로 서로를 위해서 기도하는 위로자가 되어 주기를 바랍니다. 우리가 기도할 때, 자비롭고 인자하신 위로의 하나님께서 우리 안에 힘을 주실 줄 믿습니다.

위로의 기도

자비로운 위로의 아버지, 하나님의 위로로 인생의 문제들을 이겨 내게 하시고, 슬픔과 절망 가운데 있는 이들에게 위로의 하나님을 전하며 살아가게 하여 주옵소서.

위로, 위를 바라보게 하는 힘

Encourage to look up

02
서로 세워 주는 위로

고린도후서 1:12-24

02

서로 세워 주는 위로

고린도후서 1:12-24 | 쉬운성경

¹² 우리의 자랑은 이것입니다. 이에 대해서는 우리의 양심이 증언합니다. 우리는 하나님께로부터 오는 정직함과 성실함으로, 세상의 지혜가 아니라 하나님의 은혜를 따라 세상에서 처신하였습니다. 특히 여러분을 대할 때는 더욱 그러했습니다. ¹³ 우리는 여러분이 읽고 이해할 수 없는 것은 쓰지 않았습니다. ¹⁴ 여러분이 우리를 부분적으로밖에는 이해할 수 없었으나, 장차 우리 주 예수님의 날에 우리가 여러분을 자랑스러워하는 것처럼 여러분도 우리를 자랑스럽게 여길 수 있다는 것을 완전히 알게 되기를 소망합니다. ¹⁵ 나에게 이러한 확신이 있었기에 처음에 여러분을 방문할 계획을 세웠던 것입니다. 그러면 여러분은 은혜를 두 배로 받게 될 것입니다. ¹⁶ 나는 마케도니아로 가는 길에 여러분을 방문하고, 마케도니아에서 다시 돌아오는 길에 여러분에게 들러 여러분의 도움을 받아 유대로 갈 계획이었습니다. ¹⁷ 내가 깊이 생각도 하지 않고 이런 계획을 세웠을 것 같습니까? 인간적인 동기로 계획을 세워 마음으로는 "아니오"라고 생각하면서 말로는 "예, 그렇습니다"라고 할 것 같습니까? ¹⁸ 하나님께서 신실하신 것처럼, 우리는 여러분에게 "예"라는 말과 "아니오"라는 말을 동시에 하지 않았습니다. ¹⁹ 실루아노와 디모데와 내가 여러분에게 전했던 하나님의 아들 예수 그리스도는 "예"라고 하면서 동시에 "아니오"가 되시는 분이 아니셨습니다. 그분에게는 항상 "예"만 있었습니다. ²⁰ 하나님의 모든 약속이 그리스도 안에서 "예"가 되었습니다. 그러므로 우리는 그리스도를 통해 "아멘"이라고 함으로써 하나님께 영광을 돌립니다. ²¹ 여러분과 우리를 그리스도 안에서 굳게 세우시는 분은 하나님이십니다. 하나님께서는 우리에게 기름을 부으시고 ²² 우리가 그분의 소유라는 표로 인을 치시고, 그 보증으로 우리 마음에 성령을 주셨습니다. ²³ 하나님을 내 증인으로 모시고 말하는 것인데, 내가 고린도에 가지 않은 것은 여러분을 아끼는 마음 때문입니다. ²⁴ 또한 여러분의 믿음을 우리 마음대로 지배하려고 했던 것도 아닙니다. 여러분이 믿음 위에 굳게 서 있으므로, 우리는 단지 여러분의 기쁨을 위해 여러분과 함께 일하는 사람일 뿐입니다.

농사를 지을 때 농작물이 잘 자라게 하는 원리 중 하나는 농작물을 잘 세워 주는 일입니다. 농부는 강풍이나 많은 비에 농작물이 쓰러졌을 때, 결코 방치하지 않습니다. 넘어지고 쓰러진 잎과 줄기를 들어 그것들이 다시 설 수 있도록 받침대를 세워 농작물과 묶습니다. 해마다 태풍이 지나고 나면 농부는 가족을 다 동원해 쓰러진 농작물을 다시 일으켜 세우는 작업을 합니다. 농작물을 세우는 일은 매우 중요한 일이기 때문입니다. 특별히 과일나무는 가지가 땅바닥에 닿아서는 안 됩니다. 그러면 열매가 다 썩어 버립니다. 그래서 농부는 가지가 땅으로 처지지 않도록 모든 가지마다 줄을 묶어 반듯하게 세워 줍니다. 이처럼 '세우는 것'은 농사의 기본이라고 할 수 있습니다.

예수님께서는 '세우다'는 단어를 자주 사용하십니다. 우리말로 '세우다'로 표현된 헬라어는 'airei'로, 영어로는 'lift up', 'raise up'으로 번역됩니다.

사도 바울이 고린도후서를 쓴 이유는 고린도교회 성도들을 든든히 세워 주기 위함이었습니다. 그는 성도들이 굳건히 설 수 있기를 바라며, 그들을 세우시는 분이 누구신지를 이야기합니다.

여러분과 우리를 그리스도 안에서 굳게 세우시는 분은 하나님이십니다.
(21절, 쉬운성경)

하나님은 우리의 믿음이 예전보다 약해졌다고, 혹은 낙심과 절망에 빠져 있다고 해서 가차 없이 우리를 내치시는 심판자가 아니십니다. 바울은 고린도교회 성도들에게 바로 그 하나님을 소개하며, 하나님께서 그들을 굳게 세워 주실 것이라는 확신을 심어 주어 그들을 위로합니다.

21절에 쓰인 '굳게 세우다'(establish)는 말은, 계약서에 도장을 찍어 계약 당사자를 안심시키는 것을 뜻합니다. 도장을 찍음으로써, 그 계약이 믿을 수 있는 것임을 보장하는 것입니다. 위로가 이와 같습니다. 단순히 마음을 달래 주는 정도가 아니라 든든하게 설 수 있게 안정시켜 주는 것이 위로입니다.

바울은 고린도교회 성도들에게 자신이 두 번째 편지를 쓰는 목적을 분명하게 말합니다.

> 우리는 여러분의 믿음을 주관하려는 것이 아니라, 다만 여러분의 기쁨을 돕는
> 사람이 되려는 것입니다. 여러분이 이미 믿음 위에 굳게 서 있기 때문입니다.
> (24절, 우리말성경)

바울은 고린도교회 성도들을 따뜻한 가슴으로 위로하며 그들의 신앙이 더욱 견고하게 세워져 가고 있음을 그들 스스로 바라보게 합니다.

오늘 한국 교회도 진정한 위로와 격려가 필요합니다. 이 시대에는 영적으로 흔들릴 수 있는 변수가 많이 존재합니다. 따라서 서로 굳건히 설 수 있도록 받쳐 주는 참된 위로가 필요합니다. 신앙생활을 하면서도 흔들릴 수 있습니다. 약해질 수 있습니다. 이때, 위로해 주고 격려해 주는 이가 곁에 있으면 다시 든든히 설 수 있습니다.

사랑의 위로자이신 하나님은 때로 우리가 시험에 빠지고, 상처받고, 영적으로 침체된다 할지라도 다시 일어날 수 있도록 우리를 받쳐 주고 세워 주십니다. 이사야 42장에서는 그 하나님을 다음과 같은 표현으로 나타냅니다.

상한 갈대도 꺾지 아니 하시고, 꺼져 가는 등불도 끄지 아니하신다.

(사 42:3 참조)

하나님은 갈대처럼 흔들리고, 시련으로 넘어졌다고 해서 천국 명부에서 그 사람의 이름을 삭제하지 않으십니다. 믿음의 심지가 깜박거린다는 이유로 그 영혼의 등불을 끄지 않으십니다. 비온 후에 땅이 더욱 단단해지듯이, 오히려 시련 후에 신앙이 더욱 잘 세워지도록 우리를 강하게 붙잡아 주십니다. 꺼져 가는 등불이 다시 타오를 수 있도록 기름을 공급해 주십니다.

훌륭한 목수일수록 부러지고 상한 나무도 잘 다듬어서 사용합니다. 그러니 우리 하나님은 어떠시겠습니까. 온 세상의 창조주이자 우리의 구원자이신 하나님은 다치고 상한 마음을 어루만지시고 달래 주십니다. 사랑으로 싸매 주십니다. 그리하여 우리를 사용하십니다.

전 세계인이 사랑하는 노래인 'You raise me up'(날 세우시네)은, 우리를 일으켜 세우시는 하나님의 은혜를 찬양합니다. 가사 한 줄 한 줄이, 우리 마음을 치유하시며 우리가 다시 일어나도록 도우시는 하나님을 바라보게 합니다.

When I am down and, oh my soul, so weary

When troubles come and my heart burdened be

Then, I am still and wait here in the silence

Until you come and sit awhile with me

내 영혼이 힘들고 지칠 때,

괴로움이 밀려와 내 마음을 무겁게 할 때

당신이 내 옆에 와 앉으실 때까지

나는 여기에서 고요히 당신을 기다립니다.

You raise me up, so I can stand on mountains

You raise me up, to walk on stormy seas

I am strong, when I am on your shoulders

You raise me up, to more than I can be

당신이 나를 일으켜 주시기에, 나는 산에 우뚝 서 있을 수 있고

당신이 나를 일으켜 주시기에, 나는 폭풍의 바다도 건널 수 있습니다.

당신이 나를 떠받쳐 줄 때, 나는 강인해집니다.

당신은 나를 일으켜 세우셔서, 나보다 더 큰 내가 되게 합니다.

이처럼 위로란 든든히 서게 하는 것입니다. 일으켜 세워서 큰사람이 되게 하는 것입니다.

성경 번역가 스코필드는 '위로자'(comforter)를 '힘을 실어 주기 위해 옆에 서 있는 자'로 풀이하여 번역합니다. 그리고 그분이 바로 우리 하나님이십니다.

신학자들의 연구에 따르면, 성경에는 '위로'라는 말이 70번 정도 반복됩니다. 하나님은 우리를 세워 주시려고 여러 가지 방법으로 위로해 주십니다. 어떤 신학자는 하나님의 위로를 '우리 영혼 속에 칼슘을 공급해 주시는 것이다'라고 이야기합니다. 의학적으로도 칼슘은 심장이 힘차게 박동하게 돕는다고 합니다.

하나님은 오늘 우리에게 서로 위로할 것을 간곡히 당부하십니다.

너희 하나님이 말씀하신다. "위로하여라, 내 백성을 위로하여라."

(사 40:1, 쉬운성경)

그렇다면 우리가 서로 어떻게 위로하고 세워 주면 좋을까요?

서로 자랑합시다

제가 부목사 시절에 섬겼던 화성교회의 담임이셨던 장경재 목사님은 가시는 곳마다 어린 저에 대해 말씀하시며 자랑하셨습니다. 한 번도 뵌적 없던 교계의 어른들을 만나면, 그분들이 저를 알아보셨습니다. 담임목사님의 자랑 때문이었습니다. 참 과분한 사랑이었습니다. 그러다 보니 저도 어디를 가든 누구를 만나든 담임목사님을 자랑하게 되었습니다. 이처럼 서로 자랑해 주는 것이 사람을 세우는 최고의 위로와 격려입니다.

모든 사람이 장점과 약점을 둘 다 가지고 있습니다. 일반적으로, 장점이 85%이고 약점이 15%라고 합니다. 그런데 그 15% 중 10%는 굳이 약점이라고 할 필요는 없는 것들이라고 합니다. 그러니까 결정적인 약점은 5%인 셈입니다. 그런데 우리는 그 5%가 마치 그 사람의 전부인 것처럼 여기며 헐뜯고 무시할 때가 있습니다. 약점과는 비교할 수 없을 만큼 좋은 것이 많음에도, 강점이 아닌 약점에 초점을 맞추는 것입니다.

별것 아닌 약점을 끄집어내는 것이 아니라, 85%나 되는 장점을 강조해야 합니다. 잘 못하는 것을 지적하기보다 잘하는 것을 칭찬해 주어야 합니다. 옥에 티를 찾아내어 흠잡을 필요가 전혀 없습니다.

어떤 가정으로 충고해 주느냐보다, 어떤 가슴으로 위로해 주느냐가 중요합니다. 그러므로 우리는 비난(sarcasm)보다는 받쳐 줌(support)이 필요합니다. 이론(logic)보다는 사랑(love)이 필요합니다. 충고(advice)보다는 인정(affirmation)이 필요합니다.

우리가 흔히 위로의 편지라고 명명하는 고린도후서를 보면, 사도 바울은 고린도교회 성도들을 매우 자랑합니다. 그러면서 우리가 함께 예수님 앞에 서게 될 때도 서로 자랑스러운 존재가 되자고 위로하고 격려합니다. 사실 고린도교회 성도들은 바울이 두 번째 편지를 보내니, 이번에는 또

무슨 일로 혼날까, 어떤 이유로 질책을 당할까 염려하고 있었습니다. 그런데 바울은 서로 자랑하자고 이야기합니다(14절). 한 폭의 멋진 그림 같은 위로와 격려가 아닙니까.

고린도후서를 통해 바울은 고린도교회 성도들이 얼마나 자랑거리가 많은 자들인지를 끊임없이 상기시켜 줍니다. 고린도후서 7장, 8장, 9장, 10장, 11장은 그들을 자랑하는 말로 가득 차 있습니다.

오늘 우리도 서로에게 자랑스러운 사람이 될 수 있기를 바랍니다. 구약 시대 믿음의 위인이었던 욥은 하나님을 경외하는 모습이 자랑스러운 자였습니다. 야곱은 인생의 수많은 고난을 잘 극복하고 변화받은 모습이 자랑스러운 자였습니다. 오늘 나는 어떤 점이 자랑스러울 수 있을까요? 외모, 신분, 스펙, 경력, 재주, 넓은 인간관계, 재력, 실력? 아닙니다. 그런 자랑은 자만입니다.

사도 바울은 결코 자신을 자랑하지 않습니다. 화려한 학력과 실력, 혈통 등 그에겐 자랑할 게 많습니다. 하지만 그는 자신을 자랑하지 않습니다. 그 대신 남을 자랑하고, 하나님을 자랑합니다. 그는 틈만 나면 하나님의 은혜와 예수님의 십자가를 자랑하고, 하나님 안에서 만난 사람들을 자랑합니다.

우리는 어떠합니까? 누가 다른 사람을 자랑하는 말을 들으면 시샘과 질투를 느끼고, 괜히 심통을 부립니다. 바다의 게는 상대방을 물고 뜯다가 상처를 입고 일찍 죽습니다. 반면, 거북이는 자기를 감추고 남을 높여 주다 보니 오래 삽니다. 우리는 어느 쪽입니까? 자신을 자랑하려다가 스

위로, 위를 바라보게 하는 힘

스로 망가지지 말고, 바울처럼 예수님을 자랑하고, 교우들을 세워 주시기 바랍니다.

바울은 틈만 나면 교우들을 자랑합니다. '나의 동지, 나와 같이 고난당하고 수고하는 자, 훌륭한 헌신자, 나의 형제, 나의 자매' 등 그는 자신과 함께 하나님의 일을 감당하는 이들을 다양한 미사여구를 넣어 자랑합니다. 이것이 진정한 위로입니다.

서로 세워 주는 'Equip 공동체 교회'를 만들며 우리도 서로 자랑하는 사람이 되기를 바랍니다.

서로 신뢰합시다

금세기 경영 관리와 리더십 분야의 세계적인 권위자이자 비즈니스 컨설턴트인 켄 블랜차드(Ken Blanchard)가 몇 년 전에 멋진 책을 내놓았습니다. 바로 『신뢰가 답이다』입니다. 책에서 그는, 우리는 서로 신뢰하며 살아야 할 존재임을 강조합니다.

사도 바울은 고린도교회 성도들에게 서로를 오해하거나 불신하지 말자고 호소합니다.

나에게 이러한 확신이 있었기에 처음에 여러분을 방문할 계획을 세웠던 것입니다. 그러면 여러분은 은혜를 두 배로 받게 될 것입니다. 나는 마케도니아로 가는 길에 여러분을 방문하고, 마케도니아에서 다시 돌아오는 길에 여러분에게 들러 여러분의 도움을 받아 유대로 갈 계획이었습니다.
(15-16절, 쉬운성경)

그는 제3차 선교 일정을 계획할 때, 가는 길과 오는 길에 고린도교회를 방문하여 성도들을 축복하고 위로할 생각이었습니다. 그런데 그의 뜻대로 되지 않았습니다. 뜻밖의 일들이 발생하여 계획을 수정할 수밖에 없었던 것입니다. 그래서 그는 고린도후서에 그 일에 관하여 씁니다. 고린도교회를 방문할 수 없는 불가피한 상황이었음을 밝히며, 자신이 이랬다저랬다 변덕을 부리는 사람이 아니라고 호소합니다.

우리의 자랑은 이것입니다. 이에 대해서는 우리의 양심이 증언합니다. 우리는 하나님께로부터 오는 정직함과 성실함으로, 세상의 지혜가 아니라 하나님의 은혜를 따라 세상에서 처신하였습니다. 특히 여러분을 대할 때는 더욱 그러했습니다. (12절, 쉬운성경)

이런 상황을 배경으로 바울은 '양심'이라는 단어를 23번이나 반복합니다. 양심을 이야기할 만큼 그는 순수하게 살았습니다. 고결하게 살았습니다. 복선이 아닌 단선으로 살았습니다. 그리고 이 같은 바울의 말은, 단순히 자신만 믿어 달라는 것이 아니라 서로 신뢰하고 세워 줌이 필요하다는 것을 의미하는 것이기도 합니다.

우리가 서로 위로하고 세워 주며 살기 위해선, 사람을 있는 그대로 인정하고 신뢰하는 것이 필요합니다. 누군가의 말을 곡해해서 받아들이거나 의심하지 말고, 있는 그대로 받아들일 수 있어야 합니다.

그래서 바울은 모든 일에 '예스신앙'으로 살아가자고 간곡하게 당부합니다(17-20절). 어떤 일이나 사람을 부정적인 시각으로 보지 말고, 긍정적으로 바라보고 해석하며 살아야 합니다. 예수님은 오늘도 공격 대신 공감을 해주십니다.

우리는 '긍정마인드'로 살아가야 합니다. 다른 말로 하면, '밝은 마음'입니다. 목회를 하면서 느끼게 된 것은 긍정적인 사람일수록 심성이 착하고, 세상을 선하게 바라보고, 순수합니다. 그리고 그런 사람은 가까이 지내보면 훌륭한 성품과 인격을 가진 경우가 많았습니다.

그렇다면, 어떻게 하면 '예스신앙'으로 사는 자가 될 수 있을까요? 간단합니다. 성령을 받으면 됩니다. 성령 충만할수록 예수 그리스도 안에서 모든 일에 '예스신앙'으로 살아갈 수 있습니다. 그분이 알아서 일하시기 때문입니다.

성령님은 불신을 신뢰로 바꾸어 주십니다. 마음속에 회의가 아닌 확신을 심어 주십니다(22절).

마귀가 부정의 영이라면, 성령님은 긍정의 영이십니다. 마귀가 어두움의 영이라면, 성령님은 빛의 영이십니다. 성령 충만한 사람은 큰 아픔과 고난 가운데서도 하나님의 큰 그림을 바라보며 '아멘'으로 나아갑니다. 그러나 성령이 없으면, 모든 상황을 왜곡해서 해석하고, 복선이 있을 거라 의심하며 비뚤게 생각합니다. 스스로 점검해 보십시오. 나는 어디에 더

가깝습니까? 성령 충만함을 받아 어떤 어두운 상황에서도 '아멘신앙'으로 살아갈 수 있기를 축복합니다(20절).

제가 고등학교 1학년 때 담임선생님은 정말 훌륭한 분이셨습니다. 고려대학교 영문과 출신이지만, 시골 아이들에게 희망을 심어 주기 위해 자원하여 시골학교로 오신 분이었습니다. 당시 우리는 꾀를 내서 선생님을 자주 속였습니다. 선생님께 찾아가 "아버지가 오늘 모내기 한다고 일찍 오래요." 하는 것이죠.

그런데 그 개구진 남고생들도 선생님을 한두 번 이상은 속이지 못했습니다. 덕분에 우리 반은 모범반이 되었습니다. 이유는 하나입니다. 우리가 어떤 잘못을 하거나, 심지어 거짓말을 해도 선생님은 항상 "나는 너를 믿어."라고 말씀하셨기 때문입니다. 그런 선생님께 우리 반 친구들 모두 감동을 받았습니다. 이것이 바로 사람을 세워 주는 방법입니다.

예수님이 그러지 않으셨습니까? 예수님께서 평범하고, 보잘것없는 제자들을 큰 인물로 만드신 비법이 바로 이것입니다. 그들을 믿고 신뢰해 주시는 것입니다.

"베드로야, 나는 네가 위대한 순교자가 될 수 있다고 믿어. 지난번의 실패는 지나간 일이야. 나는 너를 믿어." 예수님의 이 같은 신뢰가 베드로를 큰사람으로 만들었습니다.

우리도 이런 가슴 따뜻한 격려자, 사람을 세워 주는 위로자가 되기를 소망합니다. 우리가 꿈꾸고 지향해야 할 교회는 '사람을 세우는 교회', '리더를 만드는 교회'입니다. 그리고 그것은 서로 자랑해 주고, 서로 신뢰함

위로, 위를 바라보게 하는 힘

으로 세워 줄 때 가능합니다.

03

교회를 건강하게 세우는 위로

고린도후서 2:1-11

03

교회를 건강하게 세우는 위로

고린도후서 2:1-11 | 메세지성경

1-2 그래서 나는, 여러분과 나에게 아픔을 줄 수 있는 또 다른 방문을 자제하기로 결심한 것입니다. 내가 그저 얼굴을 내밀기만 해도 여러분이 난처하고 괴로운 입장에 처하게 될 텐데, 여러분이 어찌 나를 위로하고 나의 기운을 북돋아 주겠습니까? 3-4 그래서 나는 가지 않고 편지를 써 보냈습니다. 나를 기쁘게 해주리라 여겼던 벗들을 낙담시키면서 괴로운 시간을 보내고 싶지 않았기 때문입니다. 그 편지는 내게 최선인 것이 여러분에게도 최선일 것이라고 확신하고 써 보낸 것입니다. 결과적으로, 그 편지를 쓰는 것은 몹시 괴로운 일이었습니다. 그 편지는 양피지에 잉크로 쓴 것이 아니라, 눈물로 쓴 것입니다. 그러나 나는 여러분에게 고통을 주려고 그 편지를 쓴 것이 아닙니다. 그 편지는 내가 여러분을 얼마나 아끼는지-오, 아끼는 것 이상입니다-내가 여러분을 얼마나 사랑하는지, 여러분이 알아주기를 바라면서 쓴 것입니다. 5-8 여러분의 교회 안에 이 모든 일을 일으킨 장본인, 곧 이 모든 고통을 안겨 준 문제의 인물을 두고 말씀드립니다. 이 일로 상처를 입은 사람은 나 한 사람만 아니라, 몇몇 사람을 제외한 여러분 모두라는 사실을 알아 두기 바랍니다. 그래서 나는 심하게 책망하지 않으렵니다. 여러분 대다수가 동의하여 그 사람에게 벌을 내렸다니, 그것으로 충분합니다. 이제는 그 사람을 용서하여 스스로 일어서도록 도울 때입니다. 여러분이 그의 죄를 비난하기만 한다면, 그는 죄의식 속에서 숨이 막혀 죽을 것입니다. 그러나 나는 사랑을 쏟아부을 것을 권고합니다. 9-11 내 편지의 초점은 그 사람을 처벌하는 데 있지 않고, 여러분에게 교회를 건강하게 하는 책임을 지우려는 데 있었습니다. 그러므로 여러분이 그를 용서하면, 나도 그를 용서하겠습니다. 내가 개인적인 원한의 목록을 지니고 다닌다고 생각지 마십시오. 그리스도께서 우리와 함께하시고 우리를 인도하시듯이, 나도 용서하는 여러분과 행동을 함께하겠습니다. 어쨌든 우리는, 부지중에라도 사탄이 더 많은 해를 끼칠 틈을 주지 않을 것입니다. 우리는 사탄의 교활한 책략을 잘 알고 있습니다!

건물이 지어지는 모습을 유심히 보면, 건물을 구성하는 모든 영역이 함께 세워져 올라간다는 것을 알 수 있습니다. 어느 한쪽만 세워지지 않습니다. 전면이 골고루 균형을 이루며 세워집니다. 그것이 바른 건축의 모습입니다.

교회가 건강하게 성장하려면 모든 성도가 함께 자라가야 합니다. 그래서 성경은 교회를 몸에 비유합니다. 우리 몸을 생각해 보십시오. 어느 한 부분에 이상이 생기거나 아파도 온몸이 불편함을 느끼지 않습니까. 과로로 입안이 헐거나 혀에 작은 염증이 생겨도, 밥을 먹고 말을 할 때뿐만 아니라 항상 통증을 느낍니다. 때로는 쉽게 잠들지 못할 만큼 괴롭기도 합니다.

독일의 신학자 크리스티안 A. 슈바르츠(Christian Schwartz)가 명확하게 지적하듯이 교회는 몇 사람, 또는 한두 부서만 문제가 생겨도 건강하게 성장하지 못합니다. 교회 내에서 몇 사람이 말썽을 피우고 한두 곳에서 문제가 일어나도 은혜가 옆으로 새어 나갑니다.

요즘 현대사회와 한국 교회의 문제점 중 하나는 균형을 잃은 과격한 근본주의입니다. 지나친 양극화 현상이 국민을 병들게 하고 있습니다. 성경은 어느 한쪽으로 치우치거나 세상의 가치관, 또는 분위기에 휩쓸리지 말고 중심의 균형을 이루라고 가르칩니다.

우리는 상극적 경쟁자가 아니라, 서로를 필요로 하는 '상호 협력자'가 되어야 합니다. 우리는 서로 적대적으로 바라보고 편을 가르며 살 것이 아니라, 서로 친화적으로 살아야 합니다.

사도 바울은 친화적인 삶의 전형적인 표본을 보여 줍니다. 질타와 위로, 책망과 사랑, 나무람과 감싸 줌의 균형을 보여 줍니다. 사도 바울이 봄에 쓴 편지인 고린도전서는 교회를 건강하게 세우기 위한 신학적 논증입니다. 반면에 가을에 쓴 편지인 고린도후서는 교회를 건강하게 세우기 위한 목회적 변증입니다. 다시 말해 고린도후서는 성도를 따뜻한 가슴으로 품어 주고, 진심으로 위로하고 격려하여 교회를 건강하게 세워 가는 목자의 편지입니다. 치유와 회복의 메시지입니다. 그렇다면 교회를 건강하게 세워 나가기 위해 오늘 우리는 무엇을 해야 할까요?

모든 상황에서 최선을 추구합시다

고린도후서를 깊이 읽을수록, 사도 바울이야말로 참사랑의 목자임을 느낄 수 있습니다. 그는 자나깨나 교회를 생각하고, 항상 성도들을 가슴에 품고 살아갑니다. 성도에게 자신이 근심이 되지 않을까 노심초사합니다. 본문 2절부터 5절에서 역력히 드러납니다. 특히 사도 바울은 시험과 상처로 혼란을 겪은 고린도교회를 잘 회복시키기 위해 최선을 다합니다. 3절에 나타난 그의 진솔한 고백을 보십시오.

내게 최선인 것이 여러분에게도 최선일 것이라고 확신합니다.

(3절, 메시지성경)

바울은 고린도교회 성도들을 잘 치유하고, 그들이 다시 일어서게 하려고 가슴 아린 눈물로 편지를 쓴 것입니다.

지난번 편지는 여러 환난과 마음의 고통으로 인하여 많은 눈물을 흘리며 쓴 것입니다. 그러나 그 편지는 여러분을 슬프게 하려고 쓴 것이 아니라, 여러분을 향한 나의 사랑이 얼마나 깊은지 알게 하려고 쓴 것이었습니다.
(4절, 쉬운성경)

바울은 고린도교회 성도들에게 사랑과 위로의 편지를 쓰면서, 그들의 마음을 아프게 하지 않으려고 글자 한 자, 토씨 하나까지 세심하게 고려합니다.

나는 너무 심하게 말하지 않으려고 애써서 표현하고 있습니다. 즉 내가 여러분을 얼마나 사랑하는지, 여러분이 알아주기를 바라면서 이 글을 씁니다. 그래서 나는 심하게 책망하지 않으렵니다. (5절 참조)

교회의 지도자일수록, 리더십을 발휘하는 위치에 있을수록 글자 하나, 말 한마디도 상대를 배려하며 사용할 수 있어야 합니다. 같은 의미여도 어떤 어휘를 사용하느냐에 따라서 상대에게 위로가 될 수도 있고, 반대로 상대의 기분을 상하게 할 수도 있습니다. 우리는 내 감정을 드러내기 전에 다른 사람의 감정을 헤아리고 배려할 줄 알아야 합니다. 비록 잘못을 지적하더라도 기분이 상하지 않게 말하는 것이 성숙함입니다.

우리나라의 훌륭한 목회자요, 탁월한 설교자인 곽선희 목사님께 여쭤 본 적이 있습니다.

"목사님 설교를 들어보면 나무라는 설교를 많이 하시는데, 어떻게 그렇게 수만 명의 교인들이 은혜를 받습니까?"

그때 목사님이 해 주신 말씀이 매우 인상적이었습니다.

"진짜 설교는 기분 좋게 혼나고 가게 하는 것입니다."

듣는 사람의 마음을 생각하고 말하는 것이 이처럼 중요합니다.

스코틀랜드의 종교개혁자 존 낙스(John Knox)는 이런 고백을 들려줍니다.

"내가 매우 엄한 말로 질책한 사람에 대해서도 나는 그들의 인격을 무시하지는 않았음을 하나님이 아십니다."

우리의 목적은 복수가 아니라 세워 줌이어야 합니다. 상대가 일어서게 하고, 올라서도록 도와야 합니다. 전하는 내용은 질책일지라도, 받는 사람의 인격은 세워 줘야 합니다.

훌륭한 교육자였던 알렉산더 발망 브루스(A. B. Bruce)의 제자 중 한 명은 그의 스승에 관해 이런 이야기를 남깁니다.

"그분은 닻줄을 끊고 우리에게 푸른 바다로 나가게 해 주셨다."

제자들에게 책망과 질책은 했지만, 그들을 더 넓은 세계, 더 높은 단계로 나아가게 했다는 의미입니다. 참 좋은 스승이 아닙니까.

우리는 모든 상황에서 최선을 다해 사람을 세워 주어야 합니다. 특히 인격을 존중해 주어야 합니다. 일보다 인격을, 사역보다 사람을 소중히 여겨야 합니다. 물론 일을 잘하고 열심히 하는 것은 중요합니다. 그러나 사람을 잃는 사역이 무슨 의미가 있습니까?

사도 바울은 모든 일에서 '어떻게 하면 사람을 얻을 수 있을까, 세울 수 있을까, 어떻게 해야 그 사람으로 하여금 일어서게 할 수 있을까'를 늘 고민하며 사람을 세우는 일에 최선을 다했습니다.

하나님은 최선을 다하는 자에게 최상의 열매를 맺게 해 주실 것입니다. 그 하나님을 신뢰하며, 우리가 모든 상황에서 최선을 다해 사람을 세울 수 있기를 바랍니다.

모든 상황에서 사랑으로 세워 줍시다

앞서 말했듯이 고린도전서가 신학적 논증이라면, 고린도후서는 목회적 변증입니다. 사도 바울은 사랑의 치유자로서 이 편지를 쓴 것입니다. 그래서 그는 고린도교회 성도들에게 그들의 잘못을 나무라더라도 너무 심하게 말하지 않으려고 애쓴다고 고백합니다.

나는 너무 심하게 말하지 않으려고 애써서 표현하고 있습니다. 즉 내가 여러분을 얼마나 사랑하는지, 여러분이 알아주기를 바라면서 이 글을 씁니다. 그래서 나는 심하게 책망하지 않으렵니다. (5절 참조)

편지의 목적이 지적, 공격, 논박, 질타가 아니라 사랑으로 세워 주는 것임을 밝히는 것입니다. 호되게 말하고 싶은 마음도 있지만 심하게 말하지 않으려고 애쓰고 있음을 알 수 있습니다. 이것이 성숙한 사랑입니다.

더 나아가서 바울은 잘못한 사람들을 사랑의 목자답게 품어 줍니다.

여러분 대다수가 동의하여 그 사람에게 벌을 내렸다니, 그것으로 충분합니다.
이제는 그 사람을 용서하여 스스로 일어서도록 도울 때입니다.
(6-7절, 메시지성경)

사랑으로 세워 주는 것이 무엇인지를 바울은 명확하게 보여 줍니다. 잘못을 저지른 사람이 자신의 잘못으로 고통을 당했다면, 그것으로 충분하다는 것입니다. 그 사람 나름대로 뼈아픈 대가를 치렀고, 충분히 고생을 한 것입니다. 생각해 보면 잘못으로 인해 고통을 받게 된 그 사람 자체가 불쌍한 것입니다.

그래서 바울은 이제는 그 사람을 가슴으로 품어 주고 스스로 일어서도록 도와주어야 함을 피력합니다. '얼마나 힘들었니, 얼마나 외롭고 아팠니' 하는 마음으로 말입니다.

이어서 그는 훌륭한 상담자답게 최고의 처방전을 내립니다.

나는 사랑을 쏟아부을 것을 권고합니다. (8절, 메시지성경)

바울은 사람을 세우기 위해 '사랑'이라는 최고의 치료제를 사용하라고 당부합니다. 여기 "너희가 그에게 사랑을 나타내 보여라"는 표현은 '사랑으로 압도하라'(kurosai)는 뜻입니다. 사랑으로 감동을 주라는 말입니다.

교회 안에 이런저런 문제가 생길 수 있습니다. 그런데 자세히 보면, 시간이 걸릴지는 몰라도 대부분이 해결할 수 있는 문제들입니다. 사랑이 아닌 감정으로 끌고 가기 때문에 응어리가 커지고 어려워지는 것입니다.

신학교에 다니던 시절, 평생 이어갈 귀한 만남과 사역의 열매를 맺은 일이 있습니다. 교육전도사로 중등부를 맡고 있었는데, 교사 중 한 형제가 교회적으로 꽤 심각한 골칫덩어리였습니다. 그 교회 장로님과 권사님의 외아들이었고, 서울대를 다니는 똑똑한 청년이었습니다. 그런데 모임에 항상 늦게 오고, 아무런 말없이 빠지기가 일쑤였습니다. 여러 번 타일러 봤지만, 도무지 말을 듣지 않았습니다. 신기한 것은 그렇게 불성실하면서도 교사는 계속 하겠다는 것이었습니다.

신학교 공부와 사역으로 바쁘고 힘든 상황이었지만, 저는 그 형제를 변화시키기 위해 20일 동안 하루 한 끼씩 금식을 하며 기도했습니다. 여러 차례 만나 교제하며 타이르고, 때로는 엄한 말투로 혼을 내기도 했습니다. 그래도 그는 개선의 여지를 보이지 않았습니다. 결국 저는 그를 책망하며 중등부 교사를 그만두도록 했습니다.

이 일을 두고 주변 사람들의 걱정이 컸습니다. 어린 전도사가 겁도 없이 대표 장로님의 아들을 잘랐으니 저도 곧 쫓겨날 것이라고 말입니다. 실제로 그런 일이 몇 번 있었다고 했습니다. 그런데 놀라운 일이 일어났습니다. 그 형제가 혁명적으로 변화를 받은 것입니다. 교회의 대표 장로

위로, 위를 바라보게 하는 힘

와 권사의 아들인 자신을 잘랐다는 사실이 그에게 충격이자 도전이 되었던 것입니다.

그 일 이후로 그는 저를 '전도사'라고 부르지 않고 '형님'이라고 불렀습니다. 또 아무도 손대지 못하는 하나뿐인 아들을 사람 만들어 주었다고, 장로님과 권사님께는 고맙다는 인사를 받았습니다. 그 일을 계기로 장로님 내외분과 그 형제와는 평생 복된 관계를 이루고 있습니다.

그동안 몇몇 목회자들은 그를 손댔다가 쫓겨나기까지 했는데, 왜 저는 성공했을까요? 그들은 원리원칙대로 사람을 다루었고, 저는 기도와 사랑으로 이끌었기 때문입니다. 저는 감정적으로 그를 자른 것이 아니었습니다. 20일간 금식하며 그를 위해 기도한 이후에 결단한 일이었습니다. 우리가 어떤 일을 할 때 먼저 여러 번 진지하게 생각하고, 결단이 섰을 때 사랑의 가슴으로 행한다면 성령님이 역사하실 줄 믿습니다.

사랑만이 사람을 세워 줍니다. 사랑만이 사람을 치유하고 일으켜 세웁니다. 저는 화성교회 청년부 사역을 하면서도 교회 중직자들의 자녀들을 놀랍게 변화시켰습니다. 그들은 후에 목회자와 선교사, 훌륭한 크리스천 사업가, 장로와 권사가 되었습니다. 많은 사람들이 그들을 정죄하고 내칠 때, 저는 사랑으로 끌어안아 주었기 때문입니다.

지구촌교회 개척 초기에, 목구멍에서 피가 나올 만큼 온 마음과 열정을 다해 제가 상담을 해 준 분이 있습니다. 그리고 그 상담을 통해 그분은 변화를 받았습니다. 근본적인 치유를 경험한 후, 그는 연세대학교 원주캠퍼스 기숙사에서 학생들에게 존경을 받는 사감이 되었습니다. 기숙사에 들어간 학생들이 그분의 사랑과 섬김에 감동을 받았습니다. 그는 좀 더 전문적으로 사역을 하기 위해 나중에 목사 안수를 받았고, 목자의 마음으로 만나는 한 사람, 한 사람을 대했습니다. 참 훌륭한 사역자가 되었습니다.

우리가 잘 아는 동화의 내용처럼, 사람이 옷을 벗도록 하는 것은 매서운 찬바람이 아니라, 따뜻한 바람입니다. 찬바람이 불수록 사람은 안간힘을 다해 벗겨지려는 옷을 붙잡습니다. 그러나 따뜻한 바람이 불 때, 사람은 스스로 옷을 벗습니다. 우리는 교회 안에서 상처받은 사람들을 사랑으로 감싸 주고 위로하여 그들이 다시 일어설 수 있게 도와야 합니다. 'Help to heal broken hearts.' 상처받은 심령을 치유하기 위해 우리는, 나는 어떤 도움을 주고 있습니까.

문제를 얼마나 완벽하게 해결하느냐보다, 얼마나 원숙한 사랑으로 문제를 풀어 가느냐가 중요합니다. 그것이 우리가 누군가로부터 존경받는 이유입니다. 인생의 실력은 사역의 성취에 있지 않고, 사랑의 성품에 있습니다.

미국의 자동차회사 SAAB의 CEO를 지냈고, 현재 HEF의 회장인 조엘 맨비(Joel Manby)가 쓴 흥미로운 제목의 책이 있습니다. 『사랑은 거북이도 뛰게 한다』입니다. 그는 기업경영에서도 사랑이 통한다는 메시지를 강력하게 전합니다. 기업문화에서도 사랑이 이루어 내는 효과가 굉장하다는 것입니다. 즉, 최고의 조직 운영 방식은 사랑으로 이끄는 리더십임을 피력합니다. 소위 '사랑경영'입니다.

본문을 자세히 관찰해 보면, 교회 안에서 누군가 잘못되는 이유를 명확하게 규명해 줍니다.

위로, 위를 바라보게 하는 힘

사탄에게 속아서 그러는 것입니다. 사탄의 계략에 넘어간 것입니다. 사탄에게 이용당한 것입니다. 사탄에게 틈을 주었기 때문입니다(unwittingly give Satan an opening). (11절 참조)

충분히 그냥 넘어갈 수 있는 말인데 사탄에게 속아 미움이 싹트고, 오해가 생깁니다. 사탄에게 이용당하는 것입니다. 뜻하지 않게 사탄에게 이용당해 넘어진 것이기에 더욱 불쌍히 여기며 그 사람을 세워 주라고 바울은 말합니다. 그러면서 바울이 고린도교회 성도들에게 내린 처방은 바로 '불쌍히 여기는 마음'(compassionate heart)입니다. 이 불쌍히 여기는 마음은, 곧 예수님의 사랑입니다. 다시 말해 우리는 사탄에게 이용당한 자를 예수님의 사랑으로 치유해 주어야 합니다.

누구든지 세움을 받고 힘차게 일어나는 'Equip 공동체'를 이루어 나가기를 소망합니다. 누구든지 교회에 나오기만 하면 부활의 새 아침을 맞이하도록 서로 돕고 위로하는 생명공동체, 모든 상황에서 최선을 다해 최고의 해법인 사랑으로 문제를 해결하는 사랑공동체, 위로공동체를 만들어 가기를 축원합니다.

위로의 기도

사랑의 하나님, 자격 없는 우리에게 베푸신 하나님의 사랑을 기억하며, 사랑과 위로로 교회를 세우고 우리의 관계들을 지켜 나갈 수 있게 도와주옵소서.

성공보다
승리를
지향합시다

고린도후서 2:12-17

04

성공보다 승리를 지향합시다

고린도후서 2:12-17 | 메시지성경

12-13 내가 메시아의 메시지를 선포하려고 드로아에 이르러 보니, 이미 문이 활짝 열려 있었습니다. 하나님께서 문을 열어 두신 것입니다. 나는 그저 그 문을 통과하기만 하면 되었습니다. 그러나 여러분의 소식을 가지고 나를 기다리고 있던 디도를 만나지 못해서, 나는 마음을 놓지 못했습니다. 여러분을 걱정한 나는, 그곳을 떠나 마케도니아로 갔습니다. 디도를 만나 여러분에 관한 든든한 소식을 듣기 위해서였습니다. 그리고 감사하게도 여러분의 소식을 들었습니다! 14-16 하나님께서는 메시아, 곧 그리스도 안에서 우리를 이리저리 데리고 다니시면서, 끊임없이 계속되는 개선 행진에 참여시키고 계십니다. 그분은 우리를 통해 그리스도를 아는 지식을 제시하십니다. 우리가 가는 곳마다 사람들은 고상한 향기를 들이마십니다. 그리스도로 인해, 우리가 하나님께 달콤한 향기를 피워 올리면, 구원의 길에 들어선 사람들은 그 향기를 맡고 알아봅니다. 그 향기는 생명을 드러내는 향기입니다. 그러나 멸망의 길에 들어선 사람들은 우리를 썩은 시체에서 나는 악취처럼 대합니다. 16-17 이것은 엄청난 책임입니다. 이 책임을 떠맡을 역량이 되는 사람이 누구이겠습니까? 아무도 없을 것입니다. 그러나 적어도 우리는, 하나님의 말씀을 가져다가 거기에 물을 타서 거리로 나가 값싸게 파는 일은 하지 않습니다. 우리는 그리스도가 보시는 앞에서 말합니다. 하나님께서 우리의 얼굴을 보고 계십니다. 우리는 하나님에게서 할 말을 직접 받아서 할 수 있는 한 정직하게 전합니다.

때로 우리는 성공을 하고도 패배의식을 가지고 살아갈 수 있습니다. 사회적으로는 유명인사가 되었는데 실제로는 실패한 자가 될 수도 있습니다. 외형적으로는 성공했지만 내면적으로는 인생의 패배자가 될 수도 있습니다. 따라서 겉으로 나타나는 성공은 허울에 불과합니다.

오래전에 전 세계에서 흥행에 성공한 '글래디에이터'라는 영화가 있습니다. 이 영화는 로마 황제 마르크스 아우렐리우스의 아들 코모도스가 훌륭한 장군이었던 맥시무스를 배신하고, 19살 어린 나이에 황제의 자리를 찬탈하는 모습을 보여 줍니다. 그는 새로운 로마제국을 창설하는 데 성공합니다. 그러나 이 영화의 주제는 다른 데 있습니다.

영화는 코모도스가 외형적으로는 성공했으나 내면적으로는 실패한 자임을 적나라하게 지적합니다. 직위, 능력, 기술, 용맹, 부귀 등 모든 것을 가진 영웅처럼 보이는 그에게는 한 가지가 없었던 것입니다. 바로 '온전한 인격'입니다. 외형적인 성공의 요소는 다 가지고 있지만 인격을 갖추지 못한 지도자. 역사는 그런 지도자를 승리자로 볼 수는 없다고 말합니다.

그렇습니다. 사람의 위대성은 그가 한 일이나 업적의 탁월성에 있지 않습니다. 누군가의 위대성은 그 사람의 성품과 인격에 달려 있습니다.

금세기 리더십의 전문가인 스티븐 코비(Stephen Covey)는 사람의 위대성을 말할 때, '부수적 위대성'과 '본질적 위대성'으로 구분합니다. 부수적 위대성은 학벌, 재산, 외모, 지위, 배경으로 이루어지는 반면, 본질적 위대성은 성숙한 인격의 자질들로서 인내심, 사랑, 이해심, 동정심, 결단력, 포용력 같은 성품으로 이루어집니다. 많은 사람들은 부수적 위대성을 선

위로, 위를 바라보게 하는 힘

망합니다. 그러나 이는 껍데기이자 허상에 불과합니다. 우리가 진정 지향하며 살아야 하는 것은 성품과 인격, 내실이라는 본질적 위대성입니다.

이런 의미에서 저는 'success to significance'라는 표현을 중요하게 여깁니다. 단순히 외형적인 성공을 뛰어넘어 가치와 의미를 지니고 살아야 한다는 말입니다. 내 자리가 의미가 있어야 합니다. 내 성공이 가치가 있어야 합니다. 다시 말해, 성공에는 그만한 의미와 가치가 담겨 있어야 합니다. 사회적으로 성공하고, 사업이 잘돼 돈을 많이 벌었다고 해도 단지 그것이 전부라면 무슨 의미가 있습니까? 그러므로 우리는 단순히 눈에 보이는 '유형적'(tangible) 성공보다는 모든 세대에게 좋은 영향을 주는 '무형적'(intangible) 성공을 지향해야 합니다. 안타깝게도 오늘날 많은 사람들이 유형적 성공에만 관심을 쏟는 경향이 있습니다. 그러나 하나님은 무형적 성공, 사람이 볼 수 없는 내면의 승리를 기뻐하십니다.

금세기 리더십의 최고 권위자인 존 맥스웰(John Maxwell)은 그의 책, 『성공 여행』에서 성공에 대한 올바른 청사진을 그려 줍니다. "성공은 다른 사람들을 유익하게 하는 씨를 심는 것이다." 내가 한자리를 차지하고, 높은 위치에 앉는 게 성공이 아니라 다른 사람들을 유익하게 하는 일에 다리 역할을 하고, 다른 사람을 이롭게 하는 씨를 심는 것이 성공이라는 이야기입니다.

따라서 우리는 성패의식으로 살 것이 아니라, 승승의식(win win)으로 살아가야 합니다. '승승'을 넘어 요즘은 '승승승'(win win win)이라고 합니다. 나도 좋고, 그도 좋고, 주변 사람들까지 유익을 얻게 하는 삶의 방식입니다. 사업으로 말하면, 내 회사도 좋고, 거래처도 유익이 될 뿐만 아니라, 협력

업체들까지 혜택을 누리게 하는 상생공존, 공생공존의 원리입니다. 한마디로 '축복의 유통자'로 사는 것입니다.

밥 로건이라는 사람은, "하나님이 원하는 것을 내가 하는 것이 성공이다."라고 성공을 정의합니다. 하나님은 하나님의 자녀가 홀로 잘되는 것이 아니라 '축복의 통로'가 되기 원하신다는 것을 기억하십시오.

사도 바울은 참된 성공을 지향하는 삶의 표본입니다. 고린도후서 2장 후반부에는 눈에 보이는 성공이 아닌 보이지 않는 승리의식으로 살아가는 바울의 모습이 잘 나타납니다. 바울처럼 우리도 일차원적 성공을 뛰어넘어, 복된 승리를 지향하며 살아가야 합니다. 그렇다면 과연 어떻게 사는 것이 승리의식으로 살아가는 것일까요?

사람을 세우는 일에 승리합시다

세상의 공식은 타인을 누르고 내가 그 위에 올라서는 것이 승리입니다. 그러나 성경의 공식은 이와 전혀 다릅니다. 사도 바울은 고린도교회의 문제를 수습하기 위해 두 사람을 파송했습니다. 고린도전서는 디모데가 가져갔고, 이번에는 디도를 고린도후서 전달자로 보냈습니다(8:16-17).

디도를 파송한 지 6개월 후에 바울은 아시아의 요충 도시인 드로아(트로이)로 복음을 전하러 갑니다. 드로아에서는 하나님께서 복음 전도의 문을 활짝 열어 주셔서 교회를 쉽게 세울 수 있었습니다(12절).

그런데 안타깝게도 바울은 거기서 동역자 디도를 만나지 못했습니다.

동역자 디도가 고린도교회를 위해 얼마나 애쓰고 수고했는지 궁금했는데, 디도는 이미 떠나고 없었습니다. 디도를 만나지 못한 바울은 혹시 그가 탈진하지는 않았는지 걱정이 앞서 바울은 마음이 편하지 않았습니다(13절).

이런 상황에서 바울은 드로아에 교회를 세우는 계획을 보류합니다. 그리고 디도를 만나기 위해 빌립보까지 찾아갑니다. 디도 한 사람을 만나기 위해 그 먼 길을 떠난 것입니다. 참 감동적이지 않습니까.

바울은 지금 자신의 선교 사역에 큰 업적을 세울 수 있는 기회를 눈앞에 두고 있습니다. 하나님이 드로아에 복음의 문을 열어 주셨기에 어렵지 않게 교회를 세울 수 있었습니다. 그러나 그는 그것보다 더 중요한 것이 있음을 깨닫습니다. 바로 지쳐 있는 디도, 외로운 디도, 힘들었을 디도, 어쩌면 고린도교회 성도들에게 상처를 받았을지도 모르는 디도를 돌보고 위로하는 일입니다. 디도는 교회를 돌보고 성도를 목양하는 목회자지만 그도 인간이기에 위로와 돌봄이 필요하다는 것을 바울은 알았던 것입니다. 그래서 교회 개척을 잠시 유보하고 빌립보까지 올라갑니다.

이처럼 바울은 스케일과 디테일의 균형을 이루는 멋진 리더십을 보여 줍니다. 하나님 나라 선교라는 거시적 스케일과 한 사람을 잘 격려하고 세우는 디테일에 절묘한 조화를 이루어 나갑니다. 그는 비전 지향적으로 교회를 세우는 '사명 인생'을 살면서, 한 사람을 세우는 일에서도 최선을 다합니다. 그렇습니다. 바울은 단순히 목표 지향적으로 일에만 매달리는 사람이 아니었습니다. 그는 우리에게 사역보다 사람, 사명보다 사랑을 우선하는 훌륭한 본보기를 보여 줍니다.

선교사로서 또 하나의 교회를 세우는 것은 매우 중요한 일입니다. 그러나 한 사람을 위로하고 격려하는 것도 매우 중요한 일임을 사도 바울은 보여 줍니다. 결국 그는 빌립보까지 찾아가 그를 보듬어 줍니다. 그 후 다시 드로아로 내려와 일주일 동안 특별집회를 열어 교회를 든든히 세웁니다(행 20:5-6). 스케일과 디테일, 사역과 사람, 사명과 사랑의 균형 모델입니다.

살다 보면 양자택일을 해야 하는 경우가 있습니다. 그런데 때로는 이것과 저것, 둘 다 하면 더 좋은 사안들이 많습니다. 예수님은 이것과 저것, 둘 다 충족시키며 살라고 말씀하십니다. 'Both And'입니다. 우리가 최선을 다하면 두 마리 토끼를 다 잡을 수 있습니다. 모든 일에 최선을 다하며 사는 만큼 최상의 인생이 된다는 것을 믿으시기 바랍니다.

한국 교회가 개선해야 하는 것 중 하나가 극단에 치우치는 성향입니다. 모 아니면 도, 이것 아니면 저것이라고 생각하는 것입니다. 그러나 성경은 우리에게 이것도 행하고 저것도 소홀히 하지 말라는 게 예수님의 말씀임을 가르쳐 줍니다. 하나님 나라를 위해 거시적인 선교도 해야 하고, 한 사람을 찾아가서 많은 시간을 들여 그를 위로하고 세워 주는 일도 해야 합니다. 이것이 성경이 말하는 성숙한 사람의 리더십입니다.

'큰일을 잘하기 위해서'라는 명목으로 작은 일은 하찮게 여기거나 소홀히 하는 모순에 빠지지 말아야 합니다. 'Project'(사업) 중심으로 살기보다 'People'(사람)을 소중히 여기고 세우며 살아가시기를 바랍니다. 그러기 위해서 우리는 서로 위로하고 격려해 주어야 합니다. 교회에서 앞장서서 섬기고 헌신하는 일꾼들, 곧 집사님, 권사님, 장로님, 그리고 목회자도 격려가 필요한 사람들입니다. 사랑으로 맺어진 부부도 서로 위로해야 합니다.

예수님을 세우는 일에 승리합시다

교회 안에 문제가 생길 수 있습니다. 이때 문제를 수습하거나 풀어 가는 과정에서 반드시 예수님을 높여야 합니다. 교회는 승패 싸움을 해서는 안 됩니다. 앞서 말한 '승승승'을 지향해야 합니다. 그리고 이것은 모든 초점을 예수님께 맞추어야 가능합니다.

교회의 사명은 오직 예수님을 드러내는 것입니다. 예수님께서 교회의 회장이시니, 그분의 위상을 높여 드리는 것은 우리의 마땅한 임무입니다. 사도 바울에게서 그 모습을 발견할 수 있습니다. 그는 고린도교회의 시험과 혼란을 잘 정돈한 후에, 성도들로 하여금 승리의식을 품게 해줍니다.

그리스도 안에서 항상 우리를 이끌어 승리의 행진을 하게 하시며, 어디서나 우리로 그분을 아는 지식의 향기를 풍기게 하시는 하나님께 감사드립니다. 우리는 구원 받은 사람들에게나 멸망당하는 사람들에게나 하나님 앞에서 그리스도의 향기입니다. (14-15절, 쉬운성경)

바울은 여기서 두 가지 감각적 언어를 사용합니다. 바로 '승리와 향기'입니다. 로마제국 시대의 사람들에게 이 두 단어는 매우 익숙하고 친밀한 것이었습니다. 역사적 배경은 이렇습니다.

원정 출전을 한 로마제국의 장군이 승리를 하고 돌아오게 되면, 모든 원로원까지 동원하여 개선 행진을 합니다. 거리마다 수많은 환영 인파를 동원하고, 화려한 옷을 입은 장군은 전차를 타고 로마 시로 입성합니다. 이때 패전한 나라의 포로들도 처형을 당하기 위해 행진 대열과 함께 입성합니다. 군인들은 승리의 함성을 외치며 행진하고, 로마신전의 제사장들은 향이 나는 향로를 흔들어 로마 거리를 향기로 가득 채웁니다. 이 향기는 개선한 군인들에게는 기쁨과 승리, 생명의 냄새가 되고, 패전한 포로들에게는 죽음의 냄새가 됩니다. 바울은 지금 이 장면을 생생하게 연상시키면서 고린도교회 성도들이 승리의식으로 살아갈 것을 간곡히 당부합니다.

우리가 가는 곳마다 사람들은 고상한 향기를 들이마십니다. 그리스도로 인해, 우리가 하나님께 달콤한 향기를 피워 올리면, 구원의 길에 들어선 사람들은 그 향기를 맡고 알아봅니다. 그 향기는 생명을 드러내는 향기입니다. 그러나 멸망의 길에 들어선 사람들은 우리를 썩은 시체에서 나는 악취처럼 대합니다. (16절, 메시지성경)

오늘 메시지의 핵심은 아주 단순하면서도 진중합니다. 우리가 교회를 은혜로운 공동체로 잘 세워 나가는 만큼 주변 사람들에게 좋은 이미지를 심어 주고 좋은 향기를 풍기게 됩니다. 예수님에 관한 좋은 향기를 느끼게 해 주는 것입니다. 즉, 예수님을 알리는 향기를 풍기는 그리스도인으로 살아가자는 메시지입니다. 이를 일상에서 실천할 수 있기를 바랍니다.

위로, 위를 바라보게 하는 힘

시장에서 물건값을 깎는 일에만 성공할 것이 아니라, 장사하시는 분들에게 예수님의 향기를 풍기는 일에 승리할 수 있기를 바랍니다.

요즘 세상에서 부끄러운 모습을 보이는 교회들이 있습니다. 너무 지나치게 원리원칙, 옳고 그름에만 급급하여 예수님의 향기를 풍기는 대신 오히려 분쟁과 다툼의 악취를 냅니다. 그래서 세상의 빛과 소금이 되어야 할 교회가 세상으로부터 비난과 지탄을 받습니다. 너무나 안타깝습니다.

예수님의 십자가 보혈로 세워진 교회는 오직 그분의 향기, 그분의 영광만을 드러내야 합니다. 그러기 위해서는 교회의 지체 된 우리가 한 사람, 한 사람을 잘 세우고, 성공의식이 아닌 승리의식으로 살아가야 합니다. 이것이 곧 그리스도의 향기로 살아가는 삶입니다.

교회는 어떤 곳입니까? 하나님 앞에서 한 사람을 소중히 여기며 세워주는 구원공동체, 사랑공동체입니다. 그리고 예수 그리스도의 향기를 뿜어내는 은혜공동체입니다. 우리가 성공의식으로 사는 수준을 뛰어넘어 승리의식으로 살아가는 만큼, 우리가 살아가는 세상 전역에 예수 그리스도의 향기가 넘쳐날 것입니다.

성공보다 승리가 더 중요하다는 것을 기억합시다. 그리하여 우리의 삶으로 하나님께 영광 돌리고, 사람들에게 사랑의 향기가 되기를 축원합니다.

위로의 기도

우리에게 승리를 주시는 하나님, 세상이 말하는 성공이 아닌 사람을 세우고 예수님을 드러내는 일에서 승리하는 삶을 소망하며 살아가게 하여 주시옵소서.

05

당신이
곧 메시지다

고린도후서 3:1-6

05

당신이 곧 메시지다

———

고린도후서 3:1-6 | 메시지성경

¹⁻³ 우리가 자화자찬하는 것처럼 들립니까? 신임장을 받았다고 주장하면서 우리의 권한을 옹호하는 것으로 들립니까? 글쎄요, 그렇지 않습니다. 우리는 여러분에게 내보일 추천서나 여러분에게서 받을 추천서가 필요 없는 사람입니다. 여러분 자신이야말로 우리가 필요로 하는 추천서의 전부입니다. 여러분의 참된 삶이야말로 누구나 보고 읽을 수 있는 편지입니다. 그리스도께서 친히 그 편지를 쓰셨습니다. 그 편지는 잉크로 쓰신 것이 아니라, 살아 계신 하나님의 영으로 쓰신 것입니다. 그 편지는 돌에 새긴 것이 아니라, 사람의 삶에 새긴 것입니다. 그리고 우리는 그 편지를 전하는 사람입니다. ⁴⁻⁶ 우리는 이것을 전적으로 확신합니다. 그리스도께서 하나님을 위해 친히 쓰신 여러분이야말로 우리의 추천서입니다. 우리 같으면 이런 추천서를 쓸 생각도 하지 못했을 것입니다. 하나님만이 그러한 추천서를 쓰실 수 있습니다. 그분의 추천서가 우리에게 권한을 주어, 우리가 이렇게 새로운 행동 계획을 실행에 옮기고 있는 것입니다. 그 계획은 종이에 잉크로 쓴 것도 아니고, 페이지마다 율법에 관한 각주를 빼곡하게 달아서 여러분의 영을 죽이는 것도 아닙니다. 그 계획은 성령께서 영에 대고 쓰신 것, 그분의 생명이 우리의 삶에 대고 쓰신 것입니다!

———

목회를 하다 보면 추천서를 써 주어야 할 때가 종종 있습니다. 그런데 가끔 이런 경우가 있습니다. 교회를 나오지 않는 분인데, 목사가 추천서를 써 주면 기독교대학의 교수로 채용될 수 있으니 추천서를 써 주면 교회에 잘 나오겠다는 겁니다. 일종의 협상입니다. 저는 지금까지 그런 거짓 추천서를 써 준 적이 없습니다. 이와는 정반대로, 추천서를 쓰며 그 사람을 조목조목 소개하다 보면 추천하는 이유가 정말 많아 종이를 빼곡하게 채우게 되는 경우도 있습니다. 오늘 사도 바울은 추천서에 대해 굉장히 높은 수준의 정의를 내립니다. 가장 효과적인 추천서는 어떤 양식을 갖춘 문서가 아니라, 바로 '그 사람 자체'라는 것입니다. 사람이 어느 궤도에 올라서면 추천서 자체가 필요 없습니다(1절). 그 사람 자체가 이미 가장 강력한 추천서이기 때문입니다.

따라서 바울은 고린도교회 성도들도 그들의 삶 자체가 세상 앞에 자랑스럽게 내놓을 수 있는 '살아 있는 추천서'라고 말합니다.

> 여러분 자신이야말로 우리가 필요로 하는 추천서의 전부입니다. 여러분의 참된 삶이야말로 누구나 보고 읽을 수 있는 편지입니다. (2절, 메시지성경)

그들의 삶이 곧 그들의 살아 있는 추천서라고 주지시켜 줍니다. 사도 바울은 또 하나의 멋진 표현으로 고린도교회 성도들에게 건강한 자화상과 정체성을 확립시켜 줍니다.

위로, 위를 바라보게 하는 힘

여러분은 그리스도의 편지입니다. 단순히 잉크로 쓴 것이 아니라, 하나님께서 성령으로 쓰신 편지이며, 돌 판에 쓴 것이 아니라, 마음 판에 쓴 편지입니다. (3절 참조)

참 스마트한 표현기법입니다. 고린도후서 2장에서는 고린도교회 성도들이 과거의 부끄러운 상처를 치유받고 회복하여 승리의식으로 살아가도록, 그들이야말로 "그리스도의 향기"라고 말하며 그들에게 자긍심을 심어 주었습니다. 전쟁에서 승리하고 돌아온 군인들에게 향기를 뿜어주는 것처럼, 고린도교회 성도들이야말로 '예수님과 함께 승리자가 되었다'는 멋진 자화상을 갖게 해 주었습니다.

그리고 3장에서는 "그리스도의 편지"라는 표현을 통해 그들의 영적 자존감과 자화상을 더욱 높여 줍니다. 고린도교회 성도들에게 "하나님께서 보내신 그리스도의 편지"라는 황홀한 정체성을 심어 줍니다.

이처럼 바울은 고린도교회 성도들이 신앙의 고수답게 살아가도록 더욱 격려합니다.

우리는 이것을 전적으로 확신합니다. 그리스도께서 하나님을 위해 친히 쓰신 여러분이야말로 우리의 추천서입니다. (4절, 메시지성경)

지금까지 반복하고 있는 내용을 한마디로 압축하면 다음과 같습니다.
"여러분은 예수 믿고 변화받은 그리스도의 편지이니, 여러분 자신이 곧 자랑스러운 추천서입니다"(You yourselves are our letter).

이것은 2천 년 전 고린도교회 성도들에게만 해당되는 이야기가 아닙니다. 오늘을 살아가는 우리 모두에게 적용되는 이야기입니다. "당신 자신이 그리스도의 편지이고, 추천서 자체입니다."

편지와 추천서는 종이에 쓰는 문자가 아니라, 있는 모습 그대로를 보여 주는 것이라는 사실을 기억하시기 바랍니다.

그렇다면 오늘 우리가 어떤 모습과 내용을 보여 주며 살아야 할까요?

삶으로 보여야 합니다

우리는 세상 사람들에게 예수님을 믿는 자답게 살아가는 모습을 보여 주어야 합니다. 예수님께서 말씀하신 대로 '빛과 소금'으로 사는 모습을 보여 주어야 합니다. 세상 사람들은 성경은 안 보지만 그리스도인들의 삶은 봅니다. 그것도 그냥 쳐다보는 정도가 아니라 우리의 일거수일투족을 세밀히 살펴봅니다. 성경은 보지 않으면서도 믿는 자들이 얼마나 '성경적으로' 사는지는 예의 주시하는 것입니다.

몇 년 전에 출간된 『당신이 메시지다』(Be the Message)는, 미국 텍사스 주 휴스턴에 있는 우드랜즈펠로십교회 담임목사 부부 케리 슉(Kerry Shook), 크리스 슉(Chris Shook)이 쓴 것으로 현대의 그리스도인들이 필독서로 삼아야 할 만큼 매우 중요한 내용을 담고 있습니다.

기독교 초기의 그리스도인들에게는 문서로 완성된 성경책이 없었습니

위로, 위를 바라보게 하는 힘

다. 오늘날과 같은 성경은 주후 400년이 되어서야 완성된 것입니다. 그런데 초대교회 성도들은 성경책은 없었지만 성경적으로 살았습니다. 오늘 말씀에 나타난 표현 그대로 "그리스도의 편지"로 살았습니다. 그들은 성경책은 없었지만, 예수님의 삶을 따라 살았습니다.

우리가 성경을 가지고 있는가보다 성경대로 살고 있느냐가 중요합니다. 어떤 성경을 읽고 있느냐보다, 어떻게 성경적으로 살고 있느냐가 더 중요합니다. 성경을 얼마나 알고 있는가도 중요하지만, 그보다 중요한 것은 내가 알고 있는 것을 얼마나 실행하고 있느냐 하는 것입니다. 한국 교회가 사회로부터 지탄을 받고 있는 것은 우리가 그리스도인다운 삶을 살아내지 않기 때문입니다.

하나님은 우리에게 대단한 일을 요구하지 않으십니다. 그냥 일상의 삶으로 우리의 믿음을 보여 줄 것을 요구하십니다. 우리의 삶이 진짜 메시지가 되게 하라는 것입니다. 세상 사람들을 향한 가장 강력하고 효율적인 메시지는 삶으로 보여 주는 메시지입니다. 한마디로 기독교는 종교가 아니라 삶입니다. 기독교는 슬로건이나 캐치프레이즈가 아닙니다. 삶 자체입니다.

미국 IBM 회사의 슬로건이 참 멋집니다.

"Stop talking, Start doing."(말만 하지 말고, 행동으로 시작하라.)

자리에 앉아 갑론을박하지 말고, 작업장에 가서 행동으로 보이라는 것입니다. 이 슬로건을 삶으로 가져온다면, 말로만 떠들지 말고 삶으로 보이라는 의미일 것입니다.

오늘 그리스도인들에게 반드시 필요한 것은 말이 아니라 삶입니다. 이론이 아니라 생활입니다. 내가 어떻게 사느냐가 곧 나를 나타냅니다. 자기 자신이 곧 자신의 브랜드인 것입니다. 우리의 삶이 우리가 믿고 따르는 것을 드러내는 최고의 증명임을 기억하시기 바랍니다. 우리가 곧 그리스도의 편지이고, 메시지입니다.

변화된 삶으로 보여야 합니다

기독교의 핵심은 변화입니다. 우리는 BC와 AD의 변곡점을 이루며 살아가는 자들입니다. 예수님을 믿고 성령으로 거듭난 후, 당신에게는 어떤 변화가 일어났습니까?

성경에 등장하는 대부분의 인물들은 하나님을 만난 후 변화받은 모습을 보여 줍니다. 당신은 예수님을 믿은 후 어떤 근본적인 변화(radical change)를 이루고 있다고 생각합니까? 어떤 변화된 삶(T-life: Transformed life)을 보여 주고 있는 것 같습니까? 당신은 앞으로 어떤 변화된 모습을 보여 줄 수 있을 것 같습니까?

기독교가 말하는 변화는 개선의 수준이 아닙니다. 기독교의 변화는 물이 포도주로 바뀌는 근본적인 변화, 질적 변화입니다. 완전히 그 성질이 새로워지는 것입니다. 인생의 BC와 AD라는 변곡점을 이루는 것입니다. 한마디로 옛 생활을 단호하게 버리고 새 생활을 시작하는 것입니다.

우리가 변화하기 위해서는 세 가지 질문이 필요합니다. 첫째, 바뀌어야 할 것이 무엇인가? 둘째, 버려야 할 것이 무엇인가? 셋째, 그리고 무엇으로 대체할 것인가? 즉, 어떻게 새로워지기를 원하는가?

21세기 경영 컨설팅의 대가인 켄 블랜차드(Ken Blanchard)는 이런 말을 합니다.

"변화란 단순히 과거의 습관을 버리는 것이 아니라, 과거의 습관 대신 새로운 습관을 익히는 것이다."

예를 들면, 아침에 일어나자마자 눈곱도 떼지 않은 상태에서 핸드폰 보는 일을 그만하는 것만이 아니라, 그 시간에 성경을 펼쳐 말씀 한 구절을 묵상하는 것이 변화입니다. 성경의 표현대로 옛 사람을 버리고 새사람을 입는 것입니다. 영적으로 체질이 달라지는 것입니다. 심령의 DNA가 바뀌는 것입니다. 우리가 자주 부르는 찬양의 가사처럼 '나 이제 주님의 새 생명 얻은 몸 옛 것은 지나고 새사람'이 되니, '이전에 좋던 것 이제는 값없어지는 것'이 바로 변화입니다.

그렇다면 이런 놀라운 변화가 어떻게 가능할까요? 오직 성령으로 가능합니다. 성령님은 변화의 영이십니다. 그래서 성령님은 우리를 거듭나게 하십니다. 우리 안에 새 창조를 이루어 주시고, 날마다 우리를 새롭게 해 주십니다. 그래서 고린도후서 3장 3절과 6절에서 두 번씩이나 강조하는 내용이 '성령으로 변화된 삶'입니다.

고린도교회 성도들은 성령으로 변화된 주인공들입니다. 고린도라는 도시는 지정학적으로 천혜의 항구도시로서 상업의 요충지였습니다. 얼마나 부자들이 많이 살았던지, "웬만한 부자가 아니면 고린도에 갈 수 없다"는 말이 있을 정도였습니다. 그러다 보니 온갖 퇴폐문화가 성행했습니다. 사치와 향락, 술 취함과 방탕, 온갖 부도덕이 난무했습니다. 심지어 로마신화의 주인공인 사랑의 여신 아프로디테 신전을 세워 놓고, 1천 명의 여 사제들을 두기까지 했습니다. 그들은 밤마다 아크로폴리스의 언덕을 내려와 매춘을 하였습니다.

이런 타락한 도시에 고린도교회가 세워졌습니다. 그러자 매춘업이 잘되지 않자 그 일에 종사하는 이들이 교회 안에까지 들어와 추파를 던지며 사람들을 홀리는 일마저 생기게 됐습니다(고린도전서 11장). 이 정도로 영적으로 타락한 도시에서 죄에 젖어 살던 사람들이 예수님을 믿고 변화를 받은 것입니다. 성령으로 완전히 달라진 것입니다. 그래서 고린도교회는 어느 교회보다도 성령의 능력과 은사 체험이 많았습니다. 매우 타락한 도시였기에 강력한 성령의 역사가 필요했던 것입니다.

이처럼 성령님은 놀라운 변화를 일으켜 주십니다. 새사람을 만들어 주십니다. 새 인생을 살게 하십니다. 우리 힘으로는 결코 가능하지 않은 일들입니다. 그 일들을 성령님은 이루어 주십니다.

우리도 성령을 받는 만큼 변화된 삶을 살게 됩니다. 성령을 체험하는 만큼 새 인생이 됩니다. 새 인생이 되어 그리스도의 편지로 살아갈 수 있습니다. 성령의 도우심으로 우리가 곧 메시지인 삶을 살 수 있기를 바랍니다. 기억하십시오. 당신이 곧 메시지입니다.

위로의 기도

우리를 복음의 증인으로 부르신 하나님, 말이 아닌 삶을 통해 하나님을 드러내고 전할 수 있도록 우리에게 성령을 부어 주옵소서.

내 인생에 퇴보는 없고, 진보만 있을 뿐이다

고린도후서 4:1, 8-9, 16-18

06

내 인생에 퇴보는 없고,
진보만 있을 뿐이다

고린도후서 4:1, 8-9, 16-18 | 새번역

¹ 그러므로 우리는 하나님의 자비를 힘입어서 이 직분을 맡고 있으니, 낙심하지 않습니다. ⁸ 우리는 사방으로 죄어들어도 움츠러들지 않으며, 답답한 일을 당해도 낙심하지 않으며, ⁹ 박해를 당해도 버림받지 않으며, 거꾸러뜨림을 당해도 망하지 않습니다. ¹⁶ 그러므로 우리는 낙심하지 않습니다. 우리의 겉사람은 낡아가나, 우리의 속사람은 날로 새로워집니다. ¹⁷ 지금 우리가 겪는 일시적인 가벼운 고난은, 비교할 수 없을 정도로 영원하고 크나큰 영광을 우리에게 이루어 줍니다. ¹⁸ 우리는 보이는 것을 바라보는 것이 아니라, 보이지 않는 것을 바라봅니다. 보이는 것은 잠깐이지만, 보이지 않는 것은 영원하기 때문입니다.

세계적인 의학연구기관인 알베르트 아인슈타인 의과대학 연구팀은 사람의 몸이 최대 125년의 삶을 견딜 수 있게 설계되었다고 밝히고 있습니다. 놀라운 이야기처럼 들리지만, 인류 사회는 이미 장수 사회에 진입하였습니다. 따라서 우리는 'Live longer, live younger', 즉 오래 살되 젊게 살 수 있어야 합니다.

더글러스 맥아더(Douglas MacArthur) 장군은 70세의 나이에 6·25 전쟁 최고 사령관으로 부임하였습니다. 지금으로부터 약 70년 전인 1950년 당시 70세는 지금의 70세와 다릅니다. 그때는 60세만 넘어도 '고령'이라고 했던 시절입니다. 70세의 그는 이렇게 외칩니다.

"의심을 품으면 늙고, 신념이 있으면 젊어집니다. 두려움을 가지면 늙고, 자신을 가지면 젊어집니다. 절망을 느끼면 늙고, 희망을 품으면 젊어집니다."

이런 신념으로 살았기에 그는 70세의 나이에도 최고 사령관의 역할을 맡을 수 있었고, 활기차게 살아갈 수 있었던 것입니다. 그는 1951년 UN군 사령관을 퇴임하면서 다음과 같은 명언을 남깁니다.

"노병은 죽지 않고 사라질 뿐이다"(Old soldiers never die, just fade away).

성경은 이 점을 강조합니다. 사람은 퇴보가 아닌 진보인생을 살 수 있다고 말입니다.

> 그러므로 우리는 낙심하지 않습니다. 우리의 겉사람은 점점 낡아지지만, 우리
> 의 속사람은 날마다 새로워지고 있습니다. (16절, 쉬운성경)

사도 바울은 지금 인생의 중반을 넘어섰지만, 자신이 신비로울 만큼 역동적으로 살아가고 있음을 선언합니다.

사실 사도 바울은 남들보다 훨씬 더 힘든 인생을 살았습니다. 첫째, 그는 신체적 지병으로 평생 시달렸습니다. 그 고통이 얼마나 컸던지 '말뚝으

로 쑤시는 것 같은 통증'을 겪는다고 말했을 정도입니다. 둘째, 바울에게 는 환경적 고난이 많았습니다. 그는 선교 현장에서 엄청난 핍박과 박해를 받았습니다. 한번은 너무 많이 맞아 사람들은 그가 죽은 줄 알고 그를 쓰레기장에 버리기도 했습니다. 선교하러 가는 곳마다 고난이 그를 기다리고 있었습니다. 셋째, 바울은 남들보다 훨씬 더 많은 수고를 했습니다. 그는 이방인 선교 사명을 이루기 위해 복음의 불모지를 찾아다니며 교회를 개척했습니다. 어느 한곳에 안정적으로 정착하지 않고, 산 넘고 물 건너 순회선교를 다녔습니다. 거기다가 그는 자비량 선교를 하였기에 밤낮으로 쉴 수가 없었습니다. 낮에는 복음을 전하고 밤에는 천막을 만들어 그 천막을 팔아 생활했습니다.

그런데 신기하게도 그는 이 같은 육체적, 환경적 고난 속에서도 결코 지치지 않았습니다. 단 한 번도 탈진하지 않았습니다. 오히려 날마다 새 힘이 넘치고 기운이 솟아났습니다.

본문을 자세히 살펴보면 사도 바울은 사면초가에 처하고 절체절명의 위기에 놓여도 결코 "낙심하지 않는다"(We are not faint)고 세 번씩이나 표명합니다(1, 8, 16절). 여기에 나타난 "낙심하지 않는다"는 말은 '약해지지 않는다', '꿈이 흐려지지 않는다', '목적이 불분명해지지 않는다', '열정이 식지 않는다'는 뜻입니다. 다시 말해, 어떤 상황에서도 힘을 잃지 않는다는 것입니다.

살다 보면 어려움을 겪을 수 있습니다. 병들 수 있고, 여러 가지 한계를 느낄 수 있습니다. 많은 사람들이 이런 어려움 앞에서 '꿈을 접어야지', '이제 살살 해야지' 하는 생각을 하게 마련입니다. 그러나 바울은 달랐습니다. 아무리 힘든 상황에서도 약해지지 않았습니다. 소명에 대한 열정이 식지 않았습니다. 목적이 흐려지지 않았습니다. 우리는 조금만 경제적으로 어려워져도 선교나 선교 후원에 대한 마음이 흐려지고 약해지는 것을 느끼지 않습니까? 그런데 바울은 평생 그렇지 않았습니다.

현대사회는 우리를 쉽게 지치게 합니다. 빨리 피곤하게 만듭니다. 심지어 하루 일과를 시작하는 아침부터 피곤을 느낍니다. 도대체 왜 그럴까요? 주변 환경이 우리의 에너지를 너무 빨리 소진시키기 때문입니다. 그러나 기억하시기 바랍니다. 우리의 외적 인간은 낡아질 수 있지만, 속사람은 나날이 새로워질 수 있습니다. 외형은 퇴보하지만, 내면은 진보해 나갈 수 있습니다. 겉사람은 퇴화되지만, 속사람은 성화되어 갈 수 있습니다.

아동 문학가이자 시인인 최효섭 목사님의 시, '다시 거듭나게 하소서'의 한 부분이 참 감동적입니다.

땅만 내려다보고 허무함을 찾아 헤매는 내가
높은 곳을 바라보는 독수리로 다시 나게 하소서
…
울적하고 고독하게 한숨 짓는 내가
이웃까지 즐겁게 하는 종달새로 다시 나게 하소서

남들을 즐겁게 하는 종달새 인생, 참 멋지지 않습니까? 창공을 향해 날아오르는 독수리처럼 힘차게 살아가고, 이웃까지 즐겁게 하는 종달새처럼 날마다 노래하는 인생으로 살아갈 수 있기를 축원합니다.

우리는 퇴보가 아닌 진보에 익숙한 자가 되어야 합니다. 사도 바울은 사방으로 옥조이는 환경에서도 영혼의 근육을 튼튼하게 키웠기 때문에 퇴보가 아닌 진보로 살아갈 수 있었습니다. 요즘 많은 사람들이 근육을 키우고 유지하기 위해 다양한 방법으로 운동을 합니다. 그런데 한번 곰곰이 생각해 보십시오. 내 영혼의 근육은 어떠합니까? 육체의 근육에 관심을 갖는 만큼 영혼의 근육을 키우기 위해서도 노력을 기울이고 있습니까?

영혼의 근육이 튼튼할수록 흔들리지 않습니다. 그 어떤 상황에서도 약해지지 않습니다. 아무리 힘들고 어려운 일이 닥쳐도 꿈이 흐려지지 않습니다.

그렇다면 우리가 어떻게 하면 우리 영혼의 근육을 키울 수 있을까요?

예수님의 생명력으로 새 기운을 얻어 살아갑시다

이미 살펴본 8절 말씀처럼, 사도 바울은 사방에서 압박을 받고 답답한 일을 끊임없이 당해도 낙심하지 않았습니다. 지치거나 절망하지 않았습니다. 어떻게 이런 역동적인 영성이 가능할까요?

바울의 대답은 간단합니다. 우리 내면에 예수 그리스도의 생명력이 머물면 된다는 것입니다. 그래서 그는 "예수님의 생명"이라는 표현을 세 번씩이나 거듭 강조합니다(10, 11, 12절). 그가 남들보다 의지가 강한 편이거나 쉽게 낙심하지 않는 성향을 가져서가 아니라는 겁니다. 바울도 우리와 똑같은 인간입니다. 단지 예수님의 생명으로 날마다 새 힘, 새 기운을 받아 살아가기 때문에 고난 속에서도 낙심하지 않을 수 있었던 것입니다.

예수님의 생명력은 절망으로부터 일으켜 세우고 죽음으로부터도 거뜬히 살리는 능력입니다(14절). 그야말로 '엄청나게 큰 능력'(all-surpassing power)입니다. 우리가 당면하는 그 어떤 문제나 난관도 거뜬히 뛰어넘게 하는 힘입니다. 큰 바위도 들어올리는 영혼의 기운입니다. 그 어떤 질병이나 암의 세력도 넉넉히 이기게 하는 능력입니다. 따라서 예수님의 생명이 우리 안에서 역사하면 우리는 날마다 새 힘이 넘치는 삶을 살 수 있습니다.

어떤 신학자는 오늘 본문의 핵심을 4G로 압축하여 설명합니다. 첫째, Great power(큰 능력, 7절). 주님은 우리에게 큰 능력을 주십니다. 둘째, Great faith(큰 믿음, 13절). 어떤 사면초가의 상황에서도 요동치 않는 믿음입니다. 셋째, Great grace(큰 은혜, 15절). 주님이 큰 은혜를 주시면 됩니다. 인생의 문제나 숙제가 없는 사람이 어디에 있습니까. 그러나 아무리 문제가 복잡하고 커도 문제보다 은혜가 더 크면 됩니다. 넷째, God's glory(하나님의 영광, 17절). 기도 응답을 받고, 목적을 달성하고, 이 땅에서 잘되는 것이 중요한 게 아닙니다. 물론 그것도 중요하지만, 하나님의 자녀라면 그 이상이 되어야 합니다. 바로 나를 통해서 하나님이 영광을 받으시는 것입니다. 인생을 바라보는 초점이 하나님의 영광에 맞춰져 있어야 합니다. 하나님이 영광을 받으신다면 그것이 곧 최고로 행복한 인생임을 믿으시기 바랍니다.

우리는 소원 성취, 기도 응답 수준에 머무르는 인생이어서는 안 됩니다.

위로, 위를 바라보게 하는 힘

하나님이 영광을 받으시는 것에 초점을 맞추며 살아가시길 바랍니다. 교회도 마찬가지입니다. 구원받는 영혼들이 많아지고 교회가 부흥하는 것, 물론 필요하고 중요한 일입니다. 그러나 그보다 더 중요한 것은 그러한 모든 일이 하나님을 기쁘시게 하고 영화롭게 하기 위한 것이어야 한다는 점입니다. 하나님의 영광에 초점을 맞출 때, 우리는 흔들리지 않습니다.

미래 영광을 바라보며 새 기운을 얻어 살아갑시다

바울이 일평생 지치지 않고 열정 인생을 살 수 있었던 비결은 그의 미래 지향적 신앙입니다. 그는 다소 고생스러운 지금이 아니라 미래의 큰 영광을 내다보며 끊임없는 진보를 이루어 나갔습니다. 잠깐 고생한 것에 비해, 미래 영광이 크다는 점을 바울은 강조합니다. 바울의 힘찬 선언을 보십시오.

지금 우리가 겪는 일시적인 가벼운 고난은, 비교할 수 없을 정도로 영원하고 크나큰 영광을 우리에게 이루어 줍니다. (17절, 새번역)

메시지성경의 표현이 더욱 사실적입니다.

현재의 힘겨운 시기는 장차 다가올 복된 시기, 우리를 위해 마련된 성대한 잔치에 비하면 하찮은 것에 불과합니다. (17절, 메시지성경)

얼마나 역설적입니까? 가벼운 고난에 크나큰 영광, 일시적인 힘겨움에 성대한 잔치. 인생은 복잡하지 않습니다. 사람이 자꾸 위축되고 낙심하는 것은 안주하려고 하기 때문입니다. 미래를 꿈꾸며 미래 영광을 그리며 사는 사람은 주저앉지 않습니다. 물러서지 않습니다. 우리가 미래 영광을 바라볼수록 현실의 문제를 뛰어넘고, 낙심을 극복하며 살아갈 수 있습니다. 새 기운으로 살아갈 수 있습니다. 절망하지 않고 살아갈 수 있습니다.

판타지 소설의 대가인 C.S. 루이스(C.S. Lewis)는 『나니아 연대기』라는 대작을 썼습니다. 옥스퍼드대학의 문학교수인 그가 아이들을 위한 판타지 소설을 쓴 것에 대해 그는 이렇게 이야기합니다.

"아이들뿐만 아니라, 누구에게든지 우리 눈에 보이는 것이 현실의 전부가 아니라는 것을 깨닫도록 해 주고 싶어서입니다."

눈에 보이는 현실 너머에 또 다른 세상이 있음을 알려 주고 싶었다는 것입니다. C.S. 루이스가 호소하는 메시지는 단순명료합니다. 내 인생의 아픔, 상처, 실패, 시련이 전부가 아니라는 점입니다. 현실 저 너머에서 진행되는 하나님의 복된 섭리를 바라보며 살자는 것입니다.

본문 18절 말씀이 피날레입니다.

눈에 보이는 것이 전부가 아닙니다. 지금 우리 눈에 보이는 것은 오늘 이 자리에 있다가 내일이면 사라지고 말지만, 보이지 않는 것은 영원히 지속될 것입니다. (18절, 메시지성경)

그렇습니다. 우리가 쉽게 낙심하고 좌절하는 것은 눈에 보이는 것에 연연하기 때문입니다. 그러나 눈에 보이는 것은 언젠가 사라지고 맙니다. 영원한 것은 보이지 않는 것입니다.

목회를 하다 보면 삶의 자리에서 참 훌륭하게 헌신하시는 분들을 많이 만납니다. 그분들이 돈을 쓸 줄 모르고 갖고 싶은 것이 없어서 물질로 헌신하는 것이 아닙니다. 또 어떤 사람들은 자신을 위해서는 아낌없이 투자를 하면서도 하나님을 위해서는 헌신하지 않습니다. 실제로 많은 사람들이 이 땅에서의 미래를 위해서는 투자를 합니다. 그러나 그것이 진짜 나의 미래가 아닙니다. 우리의 시선이 높은 곳을 향하기를 바랍니다.

영국의 문학가 로버트 루이스 스티븐슨(Robert Louis Stevenson)은 한 외양간 지기 노인에 대한 이야기를 들려줍니다.

어떤 사람이 날마다 외양간 오물 속에서 일하는 노인을 보고 동정하는 마음으로 물었습니다.

"영감님, 어떻게 그처럼 힘든 일을 날마다 반복하실 수 있어요?"

노인이 다음과 같이 대답했습니다.

"세상 너머의 것을 가진 사람은 조금도 피곤하지 않다네."

그렇습니다. 세상 저 너머의 미래 영광을 바라보며 사는 사람은 지치지 않습니다. 약해지지 않습니다. 삶의 목적이 흐려지지 않습니다. 날마다 역동적으로 살아갑니다.

우리는 영원한 영광을 바라보며 살아가는 자들입니다. 우리의 상급은 이 땅이 아닌 하늘에 있습니다. 미래 영광을 바라보며 눈물을 쏟은 만큼 하늘의 면류관이 주어질 것입니다. 그러니 명심하십시오. 'Sweat to sweet', 땀 흘린 후에 달콤함이 있고, 'cross to crown', 십자가 다음에 면류관이 있으며, 'bleeding to blessing', 피 흘림 다음에 축복이 있고, 'grief to glory', 애탄 다음에 영광이 찾아옵니다. 미래 영광을 바라보며 살수록 문제의 피해자가 아니라 문제의 정복자로 살아갈 수 있습니다.

요즘 뼈아픈 눈물을 흘리며 고통스런 희생을 치르고 계십니까? 시련을 겪고 계십니까? 그 땀과 눈물보다 훨씬 더 크고 값진 보상이 찾아오고 있음을 믿으시기 바랍니다. 눈물로 밤을 지새운 만큼 새 아침의 환희와 기쁨이 찾아옵니다. 하나님은 우리가 수고한 것보다 훨씬 더 크고 좋은 것으로 갚아 주십니다.

사도 바울은 인생의 소용돌이와 사면초가의 상황에서도 흔들리지 않는 신앙으로 살았습니다. 삶의 초점이 흐려지지 않았습니다. 그는 이런 불요불굴의 신앙을 다음과 같이 표명합니다.

우리가 어찌할 바를 몰라도, 우리가 알기로, 하나님은 어찌해야 하는지 알고 계십니다. (9절, 메시지성경)

(We are not sure what to do, but we know that God knows what to do.)

"도대체 어떻게 먹고살아야 할지 모르겠어." "우리 아이들이 앞으로 어떻게 살아갈 수 있을지 도무지 모르겠어." 이렇게 이야기하고 생각하면 약해집니다. 그러나 어렵고 자신 없는 상황에서, "나는 한 가지는 알아. 하나님은 어찌해야 할지 알고 계셔."라는 마음으로 기도할 때, 하나님이 우리의 기도를 기뻐하시며 들어 주실 줄 믿습니다.

하나님은 여러 가지 시련과 고난을 통해 우리를 더욱 새롭게 만들어 가십니다. 고린도후서 4장의 "새로워진다"는 말에서 21세기 영성신학의 주제인 'Renovare'라는 단어가 나왔습니다. 우리는 신앙적으로 퇴보하는 인생을 살 것이 아니라, 진보하는 인생을 살아가야 합니다. 그러는 만큼 날마다 새로워집니다. 퇴보에 익숙해지지 말고, 진보에 익숙해질 수 있기를 바랍니다.

> **위로의 기도**
>
> 날마다 새 힘을 주시는 하나님, 삶이 고단하고 힘겨울지라도 주님의 생명력과 하늘의 소망을 덧입어 힘차고 담대하게 살아가게 하여 주시옵소서.

천국의 행복을
바라보며
즐겁게
살아갑시다

고린도후서 5:1-9

07

천국의 행복을 바라보며 즐겁게 살아갑시다

고린도후서 5:1-9 | 현대어성경

¹ 우리가 지금 살고 있는 이 땅의 천막집이 무너지면, 다시 말해서 우리가 죽어 이 육체를 떠나면 하늘에 있는 새로운 몸, 영원한 우리 집을 가지게 될 것입니다. 그 집은 사람의 손으로 지은 것이 아니라 하나님께서 지으신 집입니다. ² 우리는 이미 이 세상살이에 지쳐 신음하며 새 옷을 갈아입듯 하늘의 몸을 입게 될 날을 손꼽아 기다립니다. ³ 그것은 우리가 몸이 없는 영으로만 살 수 없기 때문입니다. ⁴ 이 땅에서 이 몸을 입고 살아가면서 힘들어 신음하지만 그렇다고 해서 죽기를 바라는 것은 아닙니다. 다만 새로운 몸 입기를 간절히 바랄 뿐입니다. 그리하여 이 죽을 몸이 영원한 생명을 덧입기를 바라는 것입니다. ⁵ 이것은 바로 하나님께서 우리를 위해 준비해 두신 것이며, 그 보증으로 성령을 보내신 것입니다. ⁶ 지금 우리는 확신을 가지고 하늘의 몸을 대망하고 있습니다. 그리고 우리가 땅 위에서 이 몸으로 살고 있는 동안에는 주님과 함께 지낼 하늘의 영원한 집에서 떨어져 있다는 것도 잘 압니다. ⁷ 우리는 이 사실을 직접 보았기 때문이 아니라 믿음으로 알고 있습니다. ⁸ 그래서 우리는 두려워하지 않습니다. 오히려 죽는 것이 더 만족스럽습니다. 그렇게 되면 주님과 함께 하늘의 집에서, 살 수 있기 때문입니다. ⁹ 우리는 이 육체를 가지고 여기서 살든지 육체를 떠나 하늘에서 주님과 함께 살든지 항상 주님을 기쁘게 해드리는 것이 목적입니다.

개인적으로 신학 분야 중에서 성령론을 좋아합니다. 결정적인 순간에 놀라운 능력을 주시고, 또한 날마다 우리에게 새 힘을 주시는 성령님에 대한 이야기이기 때문입니다. 성령님은 우리를 날마다 새로운 성장과 성숙으로 이끌어 주십니다. 우리에게 지치지 않는 새 기운, 새로운 활력을 불어넣으십니다.

제가 좋아하는 또 하나의 신학은 종말론입니다. 우리는 이 세상에서 길어야 100년을 살지만 천국은 우리가 영원히 살게 될 곳이기 때문입니다. 저는 제가 주님께로 가는 개인적 종말보다는, 주님이 이 세상으로 내려오시는 우주적 종말을 소원합니다.

기독교 신앙의 절정은 종말론입니다. 예수님의 모든 메시지는 종말에 초점이 맞춰져 있습니다. 예수님은 이 땅이 아닌 천국의 영광, 천국의 승리, 천국의 복락, 천국에서의 면류관을 말씀하십니다. 바울이나 베드로의 신학적 주제도 종말론입니다. 그리고 성경의 결론 또한 영광스런 종말입니다. 특히 성경의 마지막 책인 요한계시록은 찬란한 종말로 대미를 장식합니다.

이미 고린도후서 4장에서 살펴본 대로, 우리는 이 세상 너머의 새로운 세계를 바라보며 살아가는 자들입니다. 그래서 사도 바울은 그리스도인들에게 퇴보가 아닌 진보 인생을 살아가라고 당부합니다. 그리고 5장에서는 우리가 힘든 세상에서도 지치지 않고 살아갈 수 있는 원동력이 '종말론적 신앙'임을 표명합니다. 종말 신앙이 분명할수록 이 세상에 연연하지 않고 초연하게 살아갈 수 있습니다. 종말 신앙이 부족하기 때문에 이 세

위로, 위를 바라보게 하는 힘

상이 전부인 줄 알고 세상 것을 놓지 않고 꽉 붙잡고 사는 것입니다. 노후는 그렇게 신경을 쓰면서 죽음 이후의 영원한 삶에는 관심을 기울이지 않는 건, 종말 신앙이 분명하지 않기 때문입니다.

옛날에 한 과객이 어느 동네를 지나다가 날이 저물어 그 마을에서 가장 큰 대궐집을 찾아갔습니다. "이리 오너라." 하고 인기척을 내 주인을 불러냈습니다. 그리고 하룻밤 머물기를 청했습니다. 그러나 주인이 거절합니다.

"우리 집은 여관이 아니오. 저기 주막집이 있으니 그리로 가시오."

그런데 이 과객은 제법 철학적인 사람이었습니다. 그는 그대로 물러나지 않고 주인에게 한 가지를 묻습니다.

"주인장, 당신네는 이 집에서 몇 년이나 살았소?"

"아주 오래요. 우리 집은 종손 대대로 16대나 살아오고 있소이다."

"아, 그러신가요? 그렇다면 그분들은 모두 지금 어디에 계신가요?"

"다 돌아가셨지요."

"그렇다면 어차피 누구나 잠시 머물다 가는 집이 확실하군요. 그러니 여관이나 진배없잖소? 하룻밤을 묵든 여러 밤을 묵든 결국 떠나기는 마찬가지이니, 나도 하룻밤 묵었다 갑시다."

그 과객은 결국 그 집에서 묵을 수 있었습니다.

내가 살고 있는 집이 곧 주막이고, 내가 바로 과객입니다. 나그네입니다. 현대적으로 표현하자면 우리는 모두 여행자에 불과합니다. 잠시 머물다 떠날 사람들이기 때문입니다.

21세기는 여행시대입니다. 전 세계 어디를 가든지 여행자들로 붐빕니다. 그런데 여행의 즐거움 중 절정이 무엇일까요? 바로 집으로 돌아오는 것입니다. 낯선 곳에서 맞는 아침은 신선하고 재미있습니다. 그러나 돌아올 집이 없다면 그것은 더 이상 즐거운 여행이 아닙니다. 여행의 피날레는 집으로 돌아오는 것입니다.

이것이 고린도후서 5장의 메시지입니다. 4장에서는 겉사람과 속사람을 대칭적으로 설명했고, 5장에서는 이 세상에 살고 있는 우리의 몸과 천국에서 살게 될 우리의 몸을 설명합니다. 지상의 몸과 천상의 몸을 대비시킵니다. 우리의 몸이 놀랍고 찬란한 변화와 변형을 이루게 될 것을 그림언어로 설명합니다. 또한 사람이 손으로 지은 집이 있고 하나님이 지으신 하늘의 집이 있음을 알려줍니다. 우리는 천국이라는 정점을 향해 나아가는 거룩한 순례자로 살아가야 한다는 것을 일깨워 주는 것입니다.

우리가 성경을 잘 읽어 보면, 베드로 사도 역시 바울처럼 종말론적 신앙으로 살았음을 알 수 있습니다. 그도 바울처럼 인생의 무거운 짐이 되는 이 세상 장막을 벗을 날이 올 것을 갈망하며 살았습니다. 그는 하늘의 찬란한 영광을 바라보는 영광의 신학자로 살면서, 우리에게 나그네 신앙, 순례자의 영성을 심어 줍니다(벧후 1:14, 3:13).

독일 나치 정부 시절, 디트리히 본회퍼(D. Bonhoeffer) 목사가 교수형을 받았습니다. 간수가 와서 "나갑시다."라고 말했던 아침, 그는 직감적으로 자신이 사형장으로 끌려가는 것임을 알게 되었습니다. 그래서 감옥에 남아 있던 동료 수인들에게 이런 인사를 남겼습니다.

위로, 위를 바라보게 하는 힘

"친구 여러분, 이제 저의 새로운 여행이 시작됩니다. 이것은 결코 저의 마지막이 아닙니다. 저는 새로운 여행을 위해서 출발합니다."

얼마나 훌륭한 종말론적 신앙을 가진 분입니까? 종말 신앙이 분명했기에 사형을 당하는 날에도 흔들리지 않았습니다. 오늘 우리에게는 천국의 영광과 행복을 바라보는 이 같은 종말신앙의 영성이 필요합니다.

성경의 마지막 장인 요한계시록 22장을 빌리 그레이엄(Billy Graham) 목사님은 다음과 같은 제목으로 설교하였습니다. "새로운 새벽이 오고 있다." 그가 바라보는 것이 무엇인지 분명히 드러나는 제목입니다.

미국 샘포드대학교(Samford University) 교수인 마이클 두두잇(Michael Duduit)은 고린도후서 5장을 "영광이 다가오고 있다"(The Coming Glory)라는 주제로 설명합니다. 이것은 우리가 가져야 할 삶의 태도이기도 합니다. 예수님을 믿고 사는 우리는 다가오는 찬란한 영광을 기대하며 살아가야 하는 존재입니다.

세계적인 훌륭한 신약학자였던 조지 앨든 래드(G. E. Ladd)는 미래영광을 바라보는 신앙을 "축복된 소망"(Blessed hope)이라고 명명합니다.

그렇다면 성경은 우리에게 어떤 복된 소망을 말해 줍니까?

우리는 영원한 천국에서 복락을 누리며 삽니다

본문 1절 말씀을 보면, 사도 바울은 우리가 이 땅에서 살다가 죽는 것을 잠시 천막을 치고 살다가 떠나는 것으로 비유합니다. 지금 어떤 종류의 집에서 살고 있든지 성경은 그 모든 집을 '천막'이라고 표현합니다. 그리고 우리가 죽은 후에 살게 될 천국은 하나님께서 지으신 집으로 비유합니다.

예수님께서는 요한복음 14장 2절에서 우리를 위해 직접 집을 준비한다고 말씀하십니다. 우리가 이 땅에서 아무리 멋진 집에서 산다고 해도 하나님께서 직접 만드신 집에 비하면 그곳은 오두막집에 불과합니다. 하나님이 우리를 위해 준비하신 천국의 집은 어마어마한 맨션입니다. 우리가 살게 될 그곳은 그 크기와 규모가 어마어마한 대궐 같은 집입니다.

오래전에 러시아 선교지를 갔을 때 톨스토이 생가를 방문했습니다. 톨스토이의 아버지가 얼마나 부자였는지, 정문에서 집까지 가는 숲길이 끝이 안 보일 만큼 거대했습니다. 톨스토이는 자신의 집 숲길을 산책하면서 문학적 영감을 얻은 것이 아닐까 하는 생각이 들었습니다.

성경은 우리가 천국에서 누릴 복락을 그림언어로 보여 줍니다. 이 땅에서의 집은 아무리 멋지게 꾸며도 시간이 지나면 색이 바래고 장식들도 낡아집니다. 그러나 하나님이 직접 지으신 하늘의 집은 아무리 시간이 지나도 결코 변하지 않습니다. 하늘에서 누리는 복락은 영원합니다. 우리는 죽어서 없어지는 운명이 아니라, 하나님께서 지으신 영광의 나라에서 영원한 복락을 누리며 살아가게 될 운명입니다.

예수님은 십자가 위에서 회개한 죄수에게 이런 놀라운 축복을 선언하십니다.

오늘 네가 나와 함께 낙원에 있으리라(눅 23:43, 개역개정)

우리 모두 자긍심을 가지고 살아가기 바랍니다. 우리는 천국에서 영원한 복락을 누릴 승리자이기 때문입니다.

우리는 영원한 천국에서 새 생명을 누리며 삽니다

우리가 예수님을 믿고 구원받아 죽으면, 곧바로 천국에 갑니다. 그리고 거기서 영원한 생명을 누립니다.

우리가 새 옷을 갈아입듯 하늘의 몸을 입게 됩니다. (2절 참조)

또 4절을 보면 우리가 죽은 다음 천국에 가면, 한순간에 "새로운 몸, 영원한 생명의 몸"으로 바뀌는 것을 알 수 있습니다.

그런데 2절과 4절을 자세히 관찰해 보면 단순히 바뀌고 변화되는 것 그 이상입니다. "영생의 몸으로 덧입는다"는 표현을 사용합니다. 즉, 우리는 헌옷, 때 묻은 옷, 누더기 옷을 벗고 새 옷을 입는 것처럼 새 몸으로 덧입혀집니다. 21절에서는 좀 더 깊은 신학으로 이것을 설명합니다.

하나님은 죄인의 누더기 옷을 벗겨 주시고, 예수님의 의라는 새 옷으로 덧입혀 주십니다. (21절 참조)

하나님은 우리의 약한 몸, 아픈 몸, 병든 몸, 상한 몸을 하늘의 거룩한 몸으로 덧입혀 주십니다. 고린도후서 5장 17절에서 표현한 대로 우리는 완전히 새로운 존재가 되어 살아갑니다.

살다 보면, 여러 가지 힘든 일들을 많이 만납니다. 아픔과 질병, 고통과 시련으로 신음하며 사는 것이 이 땅에서의 삶입니다. 그러나 머지않아 그 모든 것이 다 벗겨집니다. 요한계시록 21장에서 설명하듯이 다시는 눈물도 없고, 통곡도 없고, 고통도 없고, 심지어 죽음마저 사라지는 환희의 새 날을 맞이하는 것입니다.

요즘 어떤 무거운 짐으로 고생하며 시달리고 있습니까? 육체적 고통의 무거운 짐입니까? 자녀교육의 힘겨운 짐입니까? 경제적인 압박의 버거운 짐입니까? 어떤 종류의 짐을 짊어지고 있든지 하나님은 그 모든 짐을 벗겨 주신다고 말씀하십니다. 지금 내 어깨를 짓누르고 가슴을 답답하게 하는 그 무거운 짐들을 모두 벗게 될 날이 오고 있음을 믿으시기 바랍니다.

남자들이 군대 가서 훈련받을 때 가장 갈망하는 것 중 하나가 군장을 푸는 것입니다. 무거운 군장을 어깨에 메고, 총을 들고 수십 리 길을 걷고 뛰다가 휴식 시간이 되어 군장을 풀고 잔디밭에 누우면, 거기가 곧 낙원입니다. 나그네도 마찬가지입니다. 무거운 보따리를 풀고 편하게 눕게 될 저녁 시간을 바라보기에 힘든 하룻길을 견디며 피곤해도 걸을 수 있는 것입니다. 우리에게는 인생의 종착역과 오메가 포인트가 있습니다. 분명한 점은 짐을 벗을 날이 온다는 것입니다.

그러므로 이 세상의 고통에서 벗어나려고 발버둥치며 살지 말고, 하나

위로, 위를 바라보게 하는 힘

님이 주시는 생명의 능력을 힘입어 살아가시기 바랍니다. 우리에게 날마다 새 기운을 덧입혀 주시는 성령님이 계시지 않습니까(5절).

사도 바울은 이런 종말론적 신앙으로 그 어떤 고난과 고통도 거뜬히 이기며 살았습니다. 그는 로마 감옥에서 힘든 시간을 보내면서도 천국에서 누릴 영생복락을 바라봤기에 서글프지 않았습니다. 오히려 찬송하며 기쁘게 살았습니다.

그는 빌립보서 1장 23절에서 이런 진솔한 고백을 합니다.

> 이 세상을 떠나 그리스도 곁에 있고 싶은 까닭은 그것이 훨씬 행복할 것이기 때문입니다. (빌 1:23, 쉬운성경)

우리가 천국에서 누리는 최고의 축복은 예수님과 함께 사는 것입니다. 천국이 복락원인 이유는 예수님과 함께 사는 곳이기 때문입니다. 바울은 천국에서 누리는 행복의 참된 가치를 분명히 알고 있었습니다.

> 우리는 마음이 든든합니다. 우리는 차라리 몸을 떠나서, 주님과 함께 살기를 바랍니다. (8절, 새번역)

바울처럼, 이런 종말론적 신앙을 가지고 이 땅에서 초연하게 살아가게 되기를 바랍니다.

요한계시록 21장과 22장에는 예수님과 함께 잔치를 하며 살아가는 모습이 나타납니다. 이것이 바로 예수님을 믿을 때 받게 되는 황홀한 복입니다. 하나님의 놀라운 은혜이고, 과분한 축복입니다.

이처럼 축복된 미래가 보장된 사람으로서 우리는 이 세상에서의 삶을 어떻게 살아야 할까요? 이것이 오늘 본문의 핵심입니다.

그러므로 우리가 몸 안에 머물러 있든지, 몸을 떠나서 있든지, 우리가 바라는 것은 주님을 기쁘게 해드리는 사람이 되는 것입니다. (9절, 새번역)

천국의 영생복락을 보장받은 자로서, 우리는 그 놀라운 은혜를 주신 주님을 기쁘시게 해 드려야 합니다. 이것이 구원받은 사람의 사명입니다. 우리는 무엇을 하든지 하나님을 기쁘시게 해 드려야 합니다. 주님께서 나에게 이처럼 황홀한 천국의 기쁨을 베풀어 주시기에 나 역시 주님을 기쁘시게 해 드려야 합니다. 내가 주님을 기쁘시게 해 드리며 사는 만큼 주님께서도 나를 기쁨으로 맞이하실 것입니다. 우리 모두 천국의 행복을 바라보며 하루하루 기쁨으로 살아갈 수 있기를 주의 이름으로 축원합니다.

위로의 기도

천국의 행복을 약속하신 하나님, 우리가 이 땅에 발을 딛고 살아가지만 하늘에 속한 사람임을 기억하며, 고난 가운데서도 소망과 기쁨을 잃지 않게 하여 주옵소서.

Encourage to look up

08

함께
은혜받으며
살아갑시다

고린도후서 6:1-2

08

함께 은혜받으며 살아갑시다

고린도후서 6:1-2 | 개역개정

¹ 우리가 하나님과 함께 일하는 자로서 너희를 권하노니 하나님의 은혜를 헛되이 받지
말라 ² 이르시되 내가 은혜 베풀 때에 너에게 듣고 구원의 날에 너를 도왔다 하셨으니
보라 지금은 은혜받을 만한 때요 보라 지금은 구원의 날이로다

최근에 '타이밍의 법칙'이 강조되고 있습니다. 그 내용은 현대적인 용어
로 '모멘텀의 법칙'과도 상응합니다. 어떤 기회는 일의 성패를 판가름하는
아주 중요한 분기점이 될 수 있습니다. 다시 말하면, 어떤 기회는 성공과
승리의 천재일우가 될 수 있습니다. 그런데 만약 그 기회를 잡는 타이밍
을 놓치면 어떻게 될까요? 뒤로 쳐지거나 곤두박질을 칠 수 있습니다. 따
라서 기회를 포착하고 그 기회를 어떻게 활용하는가는 우리 인생의 매우
중요한 과제입니다.

초기 기독교 교부였던 요한 크리소스톰(John Crysostom)은 이렇게 말합니
다.

"우리는 주어진 기회를 활용해야 합니다. 그리고 주어지지 않은 기회는 만들어야 합니다."

성경은 이 점을 강조합니다. 특히 은혜받아야 할 때 은혜를 제대로 받으면 영적인 도약과 비상을 이루게 됩니다. 많은 사람들이 오랫동안 신앙생활을 하면서도 영적으로 성장하지 못하는 요인 중 하나가 은혜받을 수 있는 호기를 놓치기 때문입니다. 그래서 성경은 은혜받는 자리에 있으라고 당부합니다. 예수님은 은혜받는 자리에 항상 함께 있으라고 당부하십니다. 은혜받는 자리에 없으면 스스로 퇴보하고 침체되기 때문입니다.

사도행전 1장과 2장을 보면, 마가의 다락방에서 함께 기도했던 자들은 모두 다 성령세례를 받았습니다. 은혜의 자리에 있으므로 하나님이 베푸신 은혜를 받은 것입니다.

맛있는 음식도 혼자 먹으면 별 맛이 없지 않습니까? 그런데 라면 한 그릇도 함께 먹으면 입맛이 돋습니다. 에너지의 상승효과입니다. 새들도 무리와 함께 날갯짓을 해야 더 힘차게, 더 멀리 날아갈 수 있습니다. 카누 경기나 래프팅에서도 팀원들이 보조를 맞추어 함께 노를 저어야 거센 물살을 뚫고 나갈 수 있습니다.

모래는 아무리 많이 담아 놓아도 하나로 모이지 않습니다. 서로 분리되어 있기 때문입니다. 그러나 콘크리트는 연합의 강력함을 보여 줍니다. 그 연합의 힘은 얼마든지 큰 건물을 높이 쌓아올리는 것을 가능하게 합니다.

어떤 의미에서 우리는 모래알에 불과하던 자들입니다. 서로 다른 기질,

성향, 성장배경, 혈액형, 취향을 가진 우리인데, 그런 우리를 하나님이 예수님의 십자가 보혈로 모으시고 성령께서 우리 안에 기름을 부으셔서 우리가 연합하여 교회공동체를 이룬 것입니다.

이런 원리에 따라 예수님은 "함께"를 강조하십니다. 함께 기도하라, 함께 전도하라, 함께 모여 예배하라, 함께 은혜를 받고 나누라고 말씀하십니다. 교회는 '함께' 공동체입니다.

고린도후서는 교회의 상처 회복 메시지입니다. 바울의 목회상담 원리는 간단합니다. 교인들이 함께 은혜를 받는 만큼 치유를 받고, 서로 위로하게 되고, 교회는 건강해진다는 것입니다. 교회 안의 어떤 모임도 구성원들이 함께 은혜를 받으면 부족하고 연약한 부분들이 다 덮어집니다. 영적인 좋은 팀워크를 이루게 됩니다. 따라서 우리는 교회 안에서 함께 은혜받으며 살아가야 합니다. 은혜받는 모임이나 대열에서 이탈해서는 안 됩니다. 은혜받을 수 있는 기회를 놓치지 말아야 합니다. 어떻게 보면 기를 쓰고 은혜를 받아야 합니다. 우리가 은혜를 받는 만큼 영적 진보와 성숙을 이뤄 갑니다. 그래서 오늘 1절 말씀에서 이렇게 당부합니다.

하나님께서 은혜 주시는 기회를 낭비하지(squander) 마십시오. (1절 참조)

하나님께서 특별하게 주시는 은혜의 기회를 놓치지 말라는 것입니다. 은혜받아야 할 시간을 엉뚱한 데 낭비하거나 허비하지 말라는 간곡한 호소입니다. 은혜받아야 할 때 딴전 피우지 말고, 은혜받는 일을 최우선하라고 바울은 신신당부합니다.

신학자 마이클 두두잇(Michael Duduit)은 우리가 은혜받는 일을 뒤로 미루는 것이 곧 비극의 시작이라고 경고합니다. "the Tragedy of delay." 은혜받기를 미루는 인생은 결국 망하고 맙니다. 노아 시대의 홍수나 소돔과 고모라를 향한 심판의 요인이 무엇입니까. 미적미적 미루다가 망한 것입니다.

오늘 우리에게도 이와 비슷한 모습이 있습니다. 하나님께서 베푸시는 은혜를 천천히, 차차 받으려고 하는 것입니다. 그런데 이것이야말로 마귀의 교묘한 속임수입니다. 마귀는 늘 우리에게 '다음에, 천천히, 차차'라고 속삭입니다.

그러나 주님은 "지금, 곧바로 은혜를 받으라"고 당부하십니다. 바울은 2절에서 "지금"이라는 표현을 두 번이나 반복합니다. '지금' 제대로 믿고, '지금' 은혜 속에 살아야 합니다.

그러면 우리가 어떻게 하면 은혜 속에서 살아갈 수 있을까요?

은혜받기를 사모합시다

오늘 말씀의 핵심은 무엇보다도 '먼저' 은혜를 받으라는 것입니다. 그 어떤 일보다도 은혜받는 것을 최우선하라는 말씀입니다. 인생의 모든 일보다 앞서야 하는 것은 하나님의 은혜를 받는 일입니다. 하나님의 은혜가 선행해야 합니다.

제가 자주 강조하며 반복하는 말이 있습니다. 바로 "인간의 똑똑함보다 하나님의 은혜가 앞서야 한다"(Grace must come before greatness)입니다. 하나님의 은혜 없이는 우리의 계획과 노력, 그 모든 것이 헛수고입니다.

주변에 보면 학벌이 좋고, 스펙이 화려하고, 배경이 든든하고, 재능 또한 탁월한데도 인생이 잘 풀리지 않는 사람들이 있습니다. 그들에게 필요한 것은 '은혜'입니다. 인생은 개인의 능력이 아닌 은혜로 풀립니다.

은혜는 뜻밖에 찾아오는 신성한 축복입니다(Grace Happens). 우리는 오직 은혜로 구원을 받을 뿐만 아니라, 은혜로만 복을 받습니다. 은혜로만 쓰임 받습니다. 오직 은혜로만 인생이 풀립니다. 은혜 한 방이면 모든 것이 해결됩니다.

저는 이번 저희 교회 사랑의 순례에 참여한 젊은 층들의 신앙 간증에 큰 감동을 받았습니다. 그들의 이야기를 들을 때마다, '어떻게 저런 훌륭한 신앙을 가지게 됐을까', '어떻게 저렇게 예수님 중심의 삶을 살고 있을까' 감탄했습니다. 40대 중반에 신앙적인 가치관을 가지고, 아름다운 삶을 이루고 있는 모습에서 소망을 발견했습니다. 그런데 그들에게는 한 가지 공통분모가 있었습니다. 은혜 한 방으로 인생의 변곡점을 만난 자들이란 것입니다.

기독교는 공로사상이나 성과주의가 아닙니다. 하나님을 온전히 믿게 된 사람은, 자신이 이룬 것이 아닌 하나님의 은혜를 고백하게 됩니다. 사도 바울은 이렇게 우렁차게 선언합니다.

"나의 나 된 것은 오직 하나님의 은혜라."

인생의 모든 것은 오직 은혜로 이루어지고, 은혜로 풀리고, 은혜로 복을 받습니다. 우리가 형통할 수 있는 길은 오직 은혜뿐입니다.

싱가포르 New Creation Church의 조셉 프린스(Joseph Prince) 목사님은 교인들에게 스스로 이렇게 외치라고 합니다.

"나는 하나님의 은혜로 풀리는 사람이다."

우리가 하나님의 은혜를 먼저 선포해 버리면, 하나님께서 뒷감당을 해주실 것입니다. 아침마다 스스로 "하나님, 오늘도 직장과 가정에서의 모든 일이 은혜로 풀릴 줄 믿습니다."라고 선포하시기 바랍니다.

은혜받기를 작정합시다

하나님은 은혜를 사모하는 자에게 은혜를 주십니다. 은혜받기를 작정하는 자를 결코 실망시키지 않으십니다. 사도 바울은 목자적 가슴으로 구약성경 이사야서 49장 8절 말씀을 인용하여 호소합니다.

지금이 바로 은혜받을 수 있는 절호의 기회입니다. 이번에 꼭 은혜를 받으십시오. (2절 참조)

타이밍의 법칙과 모멘텀의 원리에 따라 은혜를 받으며 살아가라는 당부입니다.

최근에 읽은 작은 책자에 아주 인상 깊은 이야기가 있었습니다. 어느 날 레이건(Ronald Reagan) 대통령이 미 공군 기지를 방문하여 파일럿에게 물었습니다.

"비행기가 활주로에 착륙할 때 왜 꼭 활주로 시작점에 착륙하는 것입니까?"

그러자 파일럿이 아주 분명하게 대답했습니다.

"비행기 조종사가 배우는 첫 번째 원리 중 하나는 '뒤에 있는 활주로를 쓸 수 없다'는 점입니다."

너무나 중요한 원리입니다. 뒤에 있는 활주로는 사용할 수 없습니다. 은혜도 마찬가지입니다. 하나님의 은혜가 한번 지나가면 다시 오지 않을 수 있습니다. 그러므로 지금 은혜를 받아야 합니다.

우리가 살고 있는 이 시대만큼 은혜받기 좋은 때가 또 어디 있을까요? 그러니 교회에 올 때마다 반드시 은혜받고 가기로 작정하시기 바랍니다. 하나님은 은혜를 사모하는 자에게 주십니다. 갈망하는 자에게 주십니다. 하나님은 은혜받기를 작정하는 자를 실망시키지 않으십니다.

우리는 은혜를 받을수록 예수님 중심으로 살아가게 됩니다. 더욱 예수님을 의지하게 되고, 더욱 기도하게 됩니다. 예수님의 십자가를 더욱 붙잡고 살아가게 됩니다(히 8:6). 은혜를 받을수록 주님 편에 서게 됩니다. 은혜를 받지 못해서 자꾸 사람 편에 서고, 스스로 위축되고, 스스로 퇴보하는 것입니다.

은혜생활은 영적 선순환을 이룹니다. 우리가 은혜를 체험할수록 하나님의 큰 역사를 기대하게 되고, 기대하기에 또 은혜를 사모하게 됩니다.

하나님은 은혜로 우리의 상한 부분을 고쳐 주십니다. 은혜로 몸과 마음의 질병을 낫게 하십니다. 은혜로 인생의 문제를 풀리게 하십니다. 인생 자체를 형통하게 하십니다. 은혜는 하나님의 특별 조치입니다. 이것이 예수님의 공식입니다.

은혜 위에 은혜를 주십니다(Grace upon Grace). (요 1:16, 바른성경 참조)

이 문장은 은혜가 계속 덮이는 축복을 의미합니다. 은혜가 덮이는 삶이야말로 최고의 삶이 아니겠습니까?

하나님은 몇 개의 정자와 난자 103,000개 중 하나를 만나게 하여 임신의 복을 주십니다. 하나의 만남이 이루어 내는 생명의 기적입니다. 은혜 한 방의 역사입니다. 생명의 탄생뿐만 아니라 모든 일이 그러합니다. 은혜가 있으면 해결됩니다. 하나님의 은혜는 암세포가 사라지고, 다른 모든 병이 낫는 강력한 힘을 갖습니다. 은혜 한 방이면 충분합니다.

그러므로 우리는 율법의 지역을 벗어나 은혜의 지역(Grace ground)으로 들어와야 합니다. 주님은 오늘도 우리를 은혜의 보좌로 초청하십니다. 주님은 교회를 통해서 우리에게 은혜를 넘치도록 부어 주십니다. 나는 은혜의 지역에 들어와 있습니까?

앞서 말했듯이 비행기가 활주로에 착륙할 때 조종사는 뒤에 있는 활주로를 사용할 수 없습니다. 이처럼 한번 지나간 하나님의 은혜는 다시 오지 않을 수 있습니다. 따라서 미루지 말고, 다음을 기약하지 말고, 바로 지금 은혜를 받기로 결심해야 합니다.

우리 모두 갈망하는 심령으로 은혜받기를 사모하기 바랍니다. 어떤 상황에 처해 있든지 은혜 한 방이면 놀라운 일이 일어날 수 있음을 믿으시기 바랍니다. 오늘도 하나님은 은혜를 갈망하고, 은혜받기로 작정하는 사람에게 하나님이 은혜를 베풀어 주실 줄 믿습니다. 오직 하나님의 은혜만 구하시기 바랍니다. 받고자 하는 자에게 주시려고 하나님은 대기하고 계십니다.

어거스틴은 이렇게 설명합니다.

"하나님은 손이 비어 있는 자에게 은혜를 주신다. 손에 짐을 가득 든 사람은 선물을 받을 수 없다."

인생에 불리한 점이 많습니까? 그러면 더욱 은혜를 사모하며 더 간절히 기도하십시오. 불리할수록 은혜가 필요하기 때문입니다. 내게 연약함이 많을수록, 상황이 불리할수록 더욱 애절하게 은혜를 구하는 기도를 하시기 바랍니다.

"주여, 말씀의 은혜를 주옵소서. 기도 응답의 은혜를 주옵소서. 변화의 은혜를 주옵소서. 치유의 은혜를 주옵소서. 풀리는 은혜를 주옵소서. 형통의 은혜를 주옵소서. 결정적인 순간에 갑자기(suddenly)의 은혜를 주옵소서."

한국어 성경에는 잘 나타나지 않지만 영어성경에는 "suddenly"라는 표현이 상당히 많이 나옵니다. 하나님이 갑자기 찾아오시는 겁니다. 어느 날 갑자기 하나님이 아브라함에게 찾아오시고, 어느 날 갑자기 호렙산에 있는 모세에게 찾아오시고, 어느 날 갑자기 농사짓는 아모스에게 찾아오시고, 어느 날 갑자기 엘리야에게 찾아오시고, 어느 날 갑자기 상여 나가는 현장에 예수님이 찾아오셔서 죽은 아들을 살려 주시고, 어느 날 갑자기 여리고에 찾아오셔서 눈먼 자를 고쳐 주십니다. 이처럼 하나님은 '갑자기'의 은혜를 주십니다. 내가 그 자리에 있기만 하면 됩니다.

하나님은 우리가 예수님의 이름으로 함께하는 자리에 은혜를 부어 주십니다. 은혜로 우리의 몸을 깨끗하게 목욕시켜 주십니다. 우리 모두가 함께 은혜받아 서로 위로하고 세워 주며 살아가게 되기를 축원합니다.

위로의 기도

은혜의 하나님, 우리가 다른 그 무엇보다도 은혜의 자리를 사모하고 은혜받기를 구하여, 오직 주께서 부어 주시는 은혜로 인생의 문제들을 풀어 나가게 하여 주시옵소서.

위로, 위를 바라보게 하는 힘

Encourage to look up

09

탁 트인
가슴으로
관계 맺기

고린도후서 6:11-13

09

탁 트인 가슴으로 관계 맺기

고린도후서 6:11-13 | 쉬운성경

¹¹ 고린도의 성도 여러분, 우리는 여러분에게 모든 것을 다 말하였고, 우리 마음을 여러분에게 활짝 열어 놓았습니다. ¹² 우리가 마음을 여러분에게 닫아 놓은 것이 아니라 여러분이 자신들의 마음을 닫아 놓은 것입니다. ¹³ 내가 여러분을 나의 친자식이라 생각하고 말하겠습니다. 우리가 여러분에게 한 것처럼 여러분도 우리를 향해 마음을 열어 주십시오.

1800년대 초부터 세계 역사상 최고의 은행으로 부상한 로스차일드(Rothschild) 은행의 성공비결은 매우 단순합니다. 폭넓은 인맥 관리, 즉 인간관계입니다. 로스차일드가(家)에 대대로 내려오고 있는 자녀 교육 십계명 중 제2계명은 "돈을 좇지 말고, 먼저 좋은 인간관계를 만들어라"입니다. 그런데 사실 이것은 로스차일드가만의 특징이 아닙니다. 유명한 기업가나 자기 분야에서 성공한 사람들은 대부분 폭넓고 탄탄한 인간관계를 가지고 있습니다.

금세기 리더십의 권위자인 존 맥스웰(J. Maxwell)은 『리더십의 21가지 불변의 법칙』이라는 책에서 이런 질문을 던집니다.

"당신의 인간관계는 어떠한가요? 당신은 낯선 사람들과 얼마나 잘 어울리는가요? 당신은 주변의 모든 사람들과 얼마나 인격적인 관계를 맺고 있나요? 당신은 쉽게 공감대를 형성하는지요? 당신은 얼마나 오랫동안 사귀는 편인가요? 그리고 그 관계를 잘 유지하고 있나요?"

스스로에게 한번 물어보시기 바랍니다. 나는 관계중심적인 삶을 지향하고 있는가? 나는 다양한 사람들과 교제하는가? 행복한 관계 속에 살고 있는가?

여러 계층의 사람들과 좋은 관계를 맺고 있는 사람일수록 건강하고, 행복하며, 장수한다고 합니다. 하버드대학교 의학연구소에 의하면, 인간관계의 폭이 좁은 사람일수록 나이를 먹어감에 따라 면역기능이 떨어진다고 합니다. 반면에, 사람들과 풍부한 관계를 맺고 사람들과의 접촉이 많은 사람, 즉 인간 네트워크가 잘되어 있는 사람일수록 그렇지 않은 사람에 비해 면역력이 3배 이상 좋고 더 건강하다고 합니다.

몇 년 전에 '벌의 관계 맺기'에 관한 글을 읽고 큰 감동을 받았습니다. 한 부분을 소개하고 싶습니다.

"벌은 꽃에게서 꿀을 따지만, 꽃에게 상처를 남기지 않습니다. 오히려 열매를 맺을 수 있도록 꽃을 도와줍니다."

참 중요한 원리입니다. 사람과 사람 사이에도 꽃과 벌 같은 관계가 이루어진다면 이 세상은 아름다운 삶의 향기로 가득할 것입니다.

목회를 하다 보면 인간관계에 있어 참 안타까운 경우들을 보게 됩니다.

위로, 위를 바라보게 하는 힘

처음에 좋았던 관계가 오래가지 못하고, 어쩔 땐 일회성으로 끝나는 경우가 있습니다. 가끔은 좋았던 관계가 오히려 상처와 아픔을 주는 관계가 돼 버리는 경우도 있습니다. 그런데 이와는 반대로 관계 맺는 기술이 별로 없는 사람들끼리 만나 어색한 시간이 조금 길어도 시간이 지날수록 마음으로 가까워지는 관계들도 있습니다. 불순한 목적이나 의도 없이 마음을 열고 상대를 대할 때, 좋은 관계가 지속이 됩니다.

교회생활을 은혜롭게 하기 원한다면, 무엇보다 탁 트인 가슴으로 관계를 맺어야 합니다. 닫힌 관계가 아닌 열린 관계, 패쇄적 담 쌓기가 아닌 개방적 관계를 형성해야 합니다. 사람과 사람의 관계는 곧 마음의 교감으로 결정됩니다. 오랜 세월을 같이 지내도 마음이 통하지 않으면 아무런 의미가 없습니다.

이런 말이 있습니다. "통(通)하지 않으면 통(痛)한다." 마음이 통하지 않으면 아프다는 것입니다. 부부도 그렇습니다. 아무리 함께 산 세월이 길어도 둘 사이에 진정한 소통이 없으면 가슴에 응어리가 맺힙니다.

사람은 누구나 살면서 소통의 문제로 가슴앓이를 경험합니다. 그래서 성경은 우리에게 이에 대한 좋은 처방을 내립니다. 바로 마음을 넓히는 것입니다. 탁 트인 가슴으로 관계를 맺으며 살라는 것입니다.

본문 13절을 메시지성경에서는 이렇게 번역합니다.

나는 할 수 있는 한 알기 쉽게, 애정을 듬뿍 담아서 말씀드립니다. 여러분의 삶을 넓히십시오. 탁 트인 마음으로 대범하게 사십시오! (13절, 메시지성경)

그렇다면 탁 트인 가슴이 가져다주는 행복은 무엇일까요?

마음을 열어야 하나님의 은혜를 받습니다

장독의 뚜껑이 열려 있어야 비가 쏟아질 때 물을 받을 수 있듯이, 마음이 열려야 은혜의 단비로 채워질 수 있습니다. 그러므로 축복을 받으려면 먼저 마음의 문을 크게 열어야 합니다.

성경에는 마음의 문을 열어서 은혜받은 사람의 이야기가 소개됩니다. 빌립보라는 도성의 강둑에서 빨래하던 여인 루디아는 "마음을 열어" 바울의 말에 귀를 기울이므로 유럽 최초의 그리스도인이 되는 큰 은혜를 받았습니다(행 16:14).

우리가 마음을 활짝 여는 만큼 하나님의 은혜를 받습니다. "어떤 말씀도 듣겠습니다" 하는 열린 마음으로 하나님의 말씀에 귀를 기울일 때, 하나님의 은혜를 체험하게 됩니다.

예수님은 인간의 마음 상태를 네 종류로 정의하십니다(마 13:1-23). 길가 마음, 돌짝밭 마음, 가시밭 마음, 그리고 옥토 마음입니다. 예수님의 비유에서 알 수 있듯이 열매를 맺지 못하는 것은 우리의 마음 때문입니다. 좋은 밭에는 씨를 대충 던져도 다 싹을 틔웁니다. 당신의 마음 밭은 길가, 돌짝밭, 가시밭, 옥토 중 무엇과 같습니까?

위로, 위를 바라보게 하는 힘

마음을 열어야 자신이 변화를 받습니다

우리가 근본적으로 변화되려면 내면부터 변화되어야 합니다(롬 12:2). 인생의 대부분의 문제는 내가 먼저 변화되면 해결될 수 있는 것들입니다. 배우자를, 혹은 자녀를 고치고 싶습니까? 내가 달라지면 남편이나 아내가, 또 자녀가 달라집니다. 그리고 내가 변화되기 위해선 먼저 내 마음을 열어야 합니다.

사람이 상처를 받는 것도 마음을 열지 않기 때문일 때가 많습니다. 마음을 열지 않으면, 교회에서 여러 사람을 만나도 여전히 심령이 공허하고 외롭습니다. 도무지 힘이 나지 않습니다. 영적인 기운도 사라집니다. 무리에 섞여 있어도 혼자 있는 것처럼 느낍니다. 이처럼 스스로 마음을 열지 않으면 교회를 아무리 오래 다녀도 아무런 변화가 일어나지 않습니다.

하나님은 가슴을 열지 않는 이런 사람을 가리켜 다음과 같이 지적하십니다.

내 마당만 밟을 뿐이니라(사 1:12, 개역개정)

우리는 두려워해야 합니다. 내가 혹시 그러고 있지는 않은지 돌아봐야 합니다.

마음을 열지 않으면 진정한 변화가 일어나지 않습니다. 귀만 높아지고 교만해집니다. 더욱 안타까운 것은 갈수록 마음이 강퍅해진다는 것입니다. 그러나 마음이 열릴수록 심령의 변화가 크게 일어납니다. 마음을 활짝 열어 변화의 은혜 속에 살아갈 수 있기를 축원합니다.

마음을 열어야 다른 사람의 마음도 열 수 있습니다

내가 마음을 열어야 하나님이 은혜를 주시고, 내가 마음을 열어야 내가 먼저 달라지고, 내가 마음을 열어야 결국 다른 사람도 마음을 엽니다.

바울은 자신의 마음 문을 먼저 활짝 열어 놓은 다음에, 고린도교회 교인들을 향해서 마음 문을 열라고 호소합니다. 더 이상 옹색한 마음으로 살지 말고, 대범하게 탁 트인 가슴으로 살아가자고 애원합니다.

12절에 나타난 "너희 심정에서 좁아졌다"는 말은 본래 헬라어로 '창자가 좁아졌다'는 뜻입니다. 심장과 폐와 간장이 좁아질 만큼 마음이 오그라진 상태를 말합니다. 실제로 마음이 좁아지면 창자가 좁아집니다. 창자가 좁아지면 소화가 잘 안 되고, 그러니 만사가 뒤틀립니다. 옹졸해질수록 이해의 폭이 좁아지고, 이해가 어려우니 자연스레 스트레스를 많이 받습니다. 한마디로 열 받는 일이 많이 생깁니다. 이처럼 닫힌 마음으로 맺는 관계는 피곤할 뿐입니다. 그 관계는 서로에게 상처를 주게 됩니다.

최근 이슈 중 하나가 '관계 기술'입니다. 서점에 가 보면 관계와 소통에 관한 책이 참 많습니다. 어떤 책에 재미있는 표현이 있었습니다. "사람들 중에는 관계의 달인이 있는가 하면, 폭탄도 있다." 관계를 망치는 사람이 있다는 뜻이죠.

위로, 위를 바라보게 하는 힘

박혜수의 『말투 디자인』이란 책을 읽으며 많은 것을 깨달았습니다. 정리하자면, 말투가 그 사람의 인격입니다. 순간의 말투가 그 사람 본연의 모습을 그대로 나타냅니다. 또 말투에 따라서 상한 감정을 치유할 수도 있고, 반대로 기분을 언짢게 하거나 심지어 감정을 폭발시킬 수도 있습니다.

'이심전심'이라는 말이 있습니다. 잘 알다시피 마음에서 마음으로 뜻이 전해진다는 뜻입니다. 'Heart to Heart'입니다. 그런데 마음과 마음이 서로 통하려면 마음을 열어야 합니다. 이때, 내가 먼저 마음을 열어야 다른 사람의 마음도 열 수 있습니다. 자신부터 솔직해야 합니다.

바울은 자신의 속마음을 숨김없이 표출합니다. 자신의 감정을 속 시원하게 털어놓습니다. 숨김이나 감춤이 없습니다. 허심탄회하고 적나라하게 호소합니다.

본문 13절을 메시지성경으로 다시 봅시다.

여러분의 삶을 넓히십시오. 탁 트인 가슴으로 대범하게 사십시오!

(13절, 메시지성경)

어떤 현인이 이런 가르침을 줍니다.

"그대들은 명심하라. 상대의 마음을 움직이기란 아주 어렵다. 내 마음을 먼저 움직여야 상대의 마음을 변화시킬 수 있다. 백성들을 보살필 때에도 마찬가지다."

바로 이것입니다. 내가 마음을 열면 상대방도 마음을 엽니다. 상대방보다 내 마음을 먼저 넓게 여는 것입니다. 그런데 마음을 넓히기 위해서 우리가 훈련해야 할 것이 있습니다. 마음이 넓어지기 위해서는 우선 입부터 열어야 합니다. 본문 11절을 봅시다.

> 고린도 사람들이여, 우리의 입이 여러분을 향해 열려있으며, 우리의 마음이 넓게 열려있습니다. (11절, 우리말성경)

사도 바울은 매우 현실적인 표현을 합니다. 'Open Mouth, Open Mind' 입니다.

우리가 마음을 넓게 열려면 입부터 활짝 열어야 합니다. 입을 다물고 있는 사람의 속마음은 알 길이 없습니다. 이것은 침묵이나 과묵과는 다릅니다. 말해야 할 때 말하지 않는 사람은 그 속을 다른 이에게 보여 주지 않으려는 것입니다. 이처럼 자물쇠로 입을 굳게 닫고 있는 사람은 깊이 있는 인간관계를 맺지 못합니다. 오랜 시간을 함께 보내면서도 자신의 속마음을 드러내지 않는 사람일수록 나중에 뒷북을 칠 확률이 높습니다. 앞에서 솔직하지 않을수록 뒤에서 다른 이야기를 할 가능성이 높습니다.

성경이 말하는 교회는 교인들끼리 서로 교제하고 위로하며 세워 주는 은혜 공동체입니다. 서로 고백하며 치유해 주는 성령 공동체입니다.

저는 마음을 넓히는 방법 중 하나로, 만나는 사람에게 먼저 아는 체하고, 가능하면 먼저 소리 내어 인사할 것을 권합니다. 먼저 보는 사람이 입을 열어 반갑게 인사하는 것입니다. 내가 입을 열면, 상대방의 입이 열리고 마음도 열립니다. 생면부지의 사람과도 말 한마디로 가까워질 수 있습니다. 엘리베이터 안에서도 내가 먼저 입을 열면, 상대방도 입을 열고 마음을 엽니다. 이처럼 입을 열면 마음도 열립니다.

바울은 더 이상 닫힌 마음으로 살지 말고, 탁 트인 가슴으로 살자고 간곡하게 호소합니다. 닫힌 마음으로 살수록 스스로 외로워지고, 스스로 울적해집니다. 닫힌 마음으로 살아갈수록 가슴이 답답해지기 때문에 우울증이 찾아옵니다. 마음이 좁아질수록 단절된 삶을 살게 됩니다. 마음의 철문이 인생을 외롭게 만드는 것입니다.

우리는 마음의 성벽을 무너뜨려야 합니다. 더 이상 닫힌 인생을 살지 말고, 열린 인생을 살아야 합니다. 옹졸하거나 옹색한 마음으로 살지 말고, 넓은 가슴, 열린 마음으로 살아야 합니다.

옛날에는 거의 모든 집들이 대문을 열어 놓고 살았습니다. 아침에 일어나면 대문부터 활짝 열었습니다. 그만큼 이웃과의 관계가 항상 열려 있는 삶이었습니다. 불과 몇 십 년 전을 돌이켜봐도 대문이 활짝 열린 집들이 많았습니다. 그리고 그런 집일수록 동네 안에서 많은 사람들과 두루두루 좋은 관계를 맺었습니다. 물론 그 시대에도 문을 닫고 사는 사람들이 있었습니다. 그런 집은 주민들과 맺은 관계가 좁았습니다.

그런데 현대사회는 거의 대부분의 사람들이 이웃과의 소통이나 교제 없이 살아갑니다. 마음의 문을 열지 않고 살아갑니다. 참 안타까운 일입니다. 그러나 시대가 그렇다고 해서 우리도 그렇게 살아가선 안 됩니다. 이런 시대일수록 우리는 마음을 열고 살아야 합니다.

지구촌교회 표어 중 하나는 "큰 심장을 가진 교회"입니다. 서로 넓고 큰 가슴으로 품어 주고 끌어안는 공동체, 이것이 곧 예수 그리스도의 마음을 품고 살아가는 모습입니다.

여러분 안에 이 마음을 품으십시오. 그것은 곧 그리스도 예수의 마음이기도 합니다. (빌 2:5, 새번역)

오늘 우리가 예수님의 넓은 마음을 품어 모두를 끌어안고 포용하고 용납하고 이해하고, 내가 먼저 사랑할 수 있기를 바랍니다. 탁 트인 가슴으로 삶을 넓히며 살아가기를 축원합니다.

위로의 기도

우리의 마음 문을 두드리시는 하나님, 우리가 마음을 활짝 열어 하나님의 말씀을 순종함으로 받고, 또한 다른 이들과도 넓은 관계를 맺으며 살아가게 하여 주옵소서.

Encourage to look up

10

함께
더 나아져 가는
위로

고린도후서 7:1-16

10

함께 더 나아져 가는 위로

고린도후서 7:1-16 | 쉬운성경

¹ 사랑하는 여러분, 우리에게 이런 약속들이 있으므로 우리의 몸과 영혼을 더럽히는 모든 것에서 자신을 깨끗하게 합시다. 그리고 하나님을 두려워하는 마음으로 거룩함을 온전히 이룹시다. ² 여러분은 마음을 열어 우리를 받아 주십시오. 우리는 아무에게도 악을 행하지 않았고, 아무도 더럽히지 않았으며, 아무도 속여 빼앗은 적이 없습니다. ³ 여러분을 꾸짖기 위해 이런 말을 하는 것은 아닙니다. 전에도 말했지만 여러분은 우리 마음속에 있어, 우리는 여러분과 함께 죽기도 하고 살기도 할 것입니다. ⁴ 나는 여러분에 대해 큰 확신이 있습니다. 나는 여러분을 대단히 자랑스럽게 여기고 있습니다. 모든 환난 중에서도 여러분은 내게 많은 위로가 되었으며, 기쁨이 넘치게 하였습니다. ⁵ 우리는 마케도니아에 도착했을 때도 조금도 쉴 수가 없었습니다. 우리는 사방에서 환난을 당하였습니다. 밖에서는 싸움이 있었고, 안에서는 두려움이 있었습니다. ⁶ 그러나 낙심한 사람들을 위로하시는 하나님께서 디도를 보내어 우리를 위로하셨습니다. ⁷ 디도가 온 것만 우리에게 위로가 된 것은 아닙니다. 여러분이 디도를 위로해 주었다는 말을 듣고 우리는 더 큰 위로를 받았습니다. 디도는 나에게 와서 여러분이 나를 몹시 보고 싶어 한다는 것과 나에게 잘못한 것을 뉘우치고 있다는 것과 나를 대단히 염려하고 있다는 소식을 전해 주었습니다. 그래서 나의 기쁨은 훨씬 더 커졌습니다. ⁸ 지난번에 쓴 편지로 인하여 내가 여러분의 마음을 아프게 하였지만 후회는 하지 않습니다. 여러분이 그 편지로 인해 잠깐이나마 마음 아파했다는 것을 알고 나 자신도 후회를 하였지만, ⁹ 지금은 오히려 기뻐합니다. 그것은 여러분이 마음 아파서가 아니라 여러분이 아파함으로써 회개를 하게 되었기 때문입니다. 여러분은 하나님께서 원하시는 뜻대로 슬퍼하였으므로 우리 때문에 조금도 상처를 받지 않았습니다. ¹⁰ 하나님의 뜻에 맞는 슬픔은 회개하여 구원에 이르게 하므로 후회할 것이 없습니다. 하지만 세상의 슬픔은 죽음에 이르게 합니다. ¹¹ 하나님의 뜻에 맞는 슬픔이 여러분에게 어떤 결과를 가져다주었는지 보시겠습니까? 여러분은 더 진지해졌고, 자신의

무죄를 더 증명하게 되었고, 어떤 것에 대해 더욱 분노를 느끼게 되었으며, 경각심을 갖게 되었습니다. 또 간절히 바라게 되고, 관심을 갖게 되고, 잘못을 저지른 사람들을 벌하게 되었습니다. 여러분은 모든 점에 있어 이 문제와 관련하여 무죄라는 것을 보여 주었습니다. ¹² 그러므로 전에 내가 여러분에게 쓴 편지는 불의를 행한 사람이나 불의함을 당한 사람들을 겨냥하여 쓴 것이 아닙니다. 그 편지는 우리를 향한 여러분의 마음이 어떠한지를 하나님 앞에서 여러분에게 분명히 알려 주기 위해 쓴 것이었습니다. ¹³ 이로 인해 우리는 위로를 받았습니다. 우리가 받은 위로 외에 디도가 기뻐한 것을 알고 더욱 기뻤습니다. 디도의 마음이 여러분 모두로 인해 안정을 되찾았기 때문입니다. ¹⁴ 내가 디도에게 여러분에 대해 자랑하였지만 여러분은 나를 부끄럽게 하지 않았습니다. 우리가 여러분에게 항상 진리만을 말해 왔던 것처럼 디도에게 여러분을 자랑한 것도 진실이었음이 밝혀졌습니다. ¹⁵ 디도는 여러분 모두가 그의 말에 순종하고 두렵고 떨리는 마음으로 자기를 맞아준 것을 기억하면서 여러분을 더 깊이 사랑하게 되었습니다. ¹⁶ 나는 여러분을 전적으로 신뢰할 수 있게 되어 기쁩니다.

2차 세계 대전이 일어났을 때 영국은 속수무책으로 폭격을 맞았습니다. 한순간에 런던은 초토화가 됐고, 국가는 존폐 위기에 처하고 말았습니다. 그러자 영국의 모든 언론은 정부와 지도자들을 맹렬하게 비난하기 시작했습니다. 나라가 위기에 빠진 상황에서 매스컴과 국민은 책임 공방전을 펼칠 뿐이었습니다.

이런 암울한 분위기에서 한 저널리스트가 언론사의 기자들을 모아 놓고 이런 제안을 했습니다.

"우리나라는 지금 비판을 일삼을 상황이 아닙니다. 지금은 전시(戰時)이고, 국민에게 희망을 주어야 할 때입니다. 비판은 나중에 하기로 하고, 잠시 동안은 희망을 선전하고 희망의 기사를 씁시다. 국민들이 신문에서 희망을 보게 하여 우리의 현실이 절망이 아님을 전하고, 우리가 승리할 수 있다는 낙관과 희망을 국민에게 심어 줍시다."

그 자리에 있던 신문기자들은 모두 그의 말에 합의했고, 이후 모든 기사의 논조가 달라졌습니다. 영국의 매체들은 2차 세계 대전에서 반드시 승리할 것이라는 희망의 메시지를 담기 시작했고, 입대하는 젊은이들의 늠름한 모습을 의도적으로 1면에 실었습니다. 그리고 전쟁터에 나간 사랑하는 남편과 아들을 위해 예배당에 모여 기도하는 성도들의 모습이 신문의 헤드라인을 장식했습니다. 그러자 국민들은 위로를 받고 희망을 품으며, 승리를 믿기 시작했습니다. 이런 격려와 위로로 영국은 결국 전쟁에서 이길 수 있었습니다.

오늘 대한민국이야말로 국민적 위로가 필요한 시점입니다. 경제적으로 어렵고, 모든 면에서 살얼음판을 걸어가고 있는 듯한 이때, 우리에게 필요한 것은 서로 격려하고 위로하며 힘을 북돋아 주는 것입니다. 지금은 누군가를 비판하며 질타할 때가 아닙니다. 정치가들의 소모적인 공방전은 백해무익합니다. 무의미한 공격을 멈추고, 서로 격려하고 위로해 주어야 할 때입니다.

그리고 이것은 우리가 받은 명령이기도 합니다. 하나님은 그리스도인들에게 위로의 고귀한 사명을 맡기십니다.

너희는 위로하라 내 백성을 위로하라(사 40:1, 개역개정)

위로는 말로만 하는 것이 아니라, 가슴으로 나누는 것입니다. 동변상련의 마음이 참 위로입니다. 사람은 누구나 자신이 위로를 받은 만큼 타인을 위로해 줄 수 있습니다. 그래서 바울은 1장 4절과 5절에서 이런 위로의 메시지로 시작하지 않았습니까.

> 하나님은 우리가 여러 가지 환난을 당할 때 위로해 주셔서, 우리가 하나님께 받은 위로로써 여러 환난을 당한 사람들을 위로할 수 있게 하셨습니다. 그리스도의 고난이 우리에게 넘쳐나는 것처럼, 그리스도로 말미암아 받는 우리의 위로도 넘치게 되었습니다. (1:4-5, 쉬운성경)

앞서 언급했듯, 이런 맥락으로 바울은 고린도후서에서 "위로"라는 말을 18번이나 반복하고 7장에서는 "위로"라는 단어를 일곱 번이나 사용합니다.

우리가 이미 살펴본 대로 "위로"라는 단어는 라틴어로 '옆에서 힘을 실어 준다.'(com+fortis)는 뜻입니다. 누군가를 만나면 힘이 나는 것, 기운이 빠져 있다가도 그 사람과 이야기를 나누면 용기가 생기는 것, 이것이 바로 위로입니다. 따라서 우리가 서로 위로하며 살수록 함께 더 나아져가는 미래 행복을 맞이하게 됩니다.

그렇다면 우리가 어떻게 해야 서로 함께 나아져가는 행복을 누릴 수 있을까요?

함께 속 깊은 사랑으로 위로하며 삽시다

사도 바울은 고린도교회에 두 번째 편지를 쓰면서 7장의 첫 문장을 이렇게 시작합니다.

사랑하는 여러분 (1절, 쉬운성경)

지금 자신이 얼마나 가슴 깊은 사랑으로 편지를 쓰는지 고린도교회 성도들이 느낄 수 있도록 한 것입니다. 그는 고린도전서를 쓸 때도 애틋한 마음으로 썼습니다. 마치 부모가 자녀에게 간곡하게 호소하듯 가슴 깊은 사랑으로 썼습니다. 고린도전서 3장을 읽어 보면, 얼마나 애절한지 모릅니다. "내가 이렇게밖에 말할 수밖에 없는 것은"이라고 하면서, 어떻게 해서든 그들이 마음을 열고, 상처 대신 위로를 받으며 새로워지기를 원하는 자신의 간절한 마음을 드러냅니다.

사도 바울이 이런 속 깊은 사랑으로 두 번째 편지를 쓴 이유와 목적은, 고린도교회 성도들의 근본적인 치유와 회복입니다. 그는 목자적 사랑으로 그들을 감싸고 보듬는 위로의 메시지를 쓴 것입니다. 그래서 바울은 고린도교회 성도들에게 마음을 활짝 열어 자신의 속 깊은 사랑을 받아들여 달라고 부탁합니다.

여러분은 마음을 열어 우리를 받아주십시오. (2절, 쉬운성경)

여기에 나타난 '우리를 받아주십시오'라는 표현은 '우리를 이해해 주십시오.'라는 뜻입니다(Tyndale 번역). 왜 이런 지적을 할 수밖에 없는지, 왜 이런 표현을 할 수밖에 없는지 목회자의 입장을 부디 이해해 달라는 것입니다. 자신의 목적은 공격이나 정죄가 아닌, 사랑의 충고요, 바로잡기 위함임을 이해해 달라고 호소하는 것입니다. 바울은 자신이 편지를 쓴 이유가 고린도교회 성도들이 처음 마음을 회복하고, 재도약할 수 있는 새 힘을 얻게 하기 위해서라는 걸 성도들이 알아주기 바랐습니다.

이런 애틋한 마음으로 편지를 보낸 사도 바울은 고린도교회 성도들의 반응을 기다리느라 잠을 설쳤습니다. 그는 선교 현장에서 안팎으로 어려움과 고난을 겪으면서도 고린도교회를 걱정하며 잠 못 이루는 밤을 수없이 보냈습니다(5절). 사방으로 욱여쌈을 당하면서도 자나 깨나 고린도교회를 생각했습니다.

바로 이런 상황에서 고린도교회로부터 온 소식은 목회자 바울에게 큰 위로가 되었습니다. 매우 기쁜 소식이었기 때문입니다. 무더운 한여름에 냉수와 같은 소식이었습니다.

낙심한 사람들을 위로하시는 하나님께서 디도를 보내어 우리를 위로하셨습니다. (6절, 쉬운성경)

바울은 그동안 어떻게 해서든 고린도교회 성도들을 위로하고 격려해서 그들이 제대로 설 수 있도록 애써 왔는데, 이번에는 반대로 고린도교회 성도들이 가슴을 열고 바울의 속 깊은 사랑을 이해하며 받아들여 바울에게 큰 위로를 주었습니다. 자신들의 잘못을 뉘우치고 놀라운 변화를 이룬 것입니다. 목회자 바울은 그들이 자신의 사랑을 이해하고 받아 준 것으로 인해 큰 위로를 받았습니다. 그래서 그는 고린도교회 성도들을 더욱 넘치는 기쁨으로 자랑하였습니다(7절).

오늘 이 시대야말로 가슴 깊은 사랑과 위로가 필요합니다. 우리가 가슴 깊은 사랑으로 서로 위로하며 살아갈 수 있기를 소원합니다. 서로 기뻐하며 자랑할 수 있기를 바랍니다.

'일언전십사'(一言前十思)라는 말이 있습니다. 한마디를 하기 전에 열 번 생각하라는 뜻입니다. 우리는 한마디의 충고를 하기 전에 먼저 충분히 생각해야 합니다. 아픈 가슴으로 하는 충고가 아니라면 그 충고는 상대에게 상처가 됩니다. 충고를 하고 난 후, '이번에야말로 할 말을 제대로 하니 속이 후련하다'고 생각하며 시원해하면, 머지않아 가슴 깊이 후회하게 됩니다. 반대로 어떤 충고나 충언을 하기 전에 깊이 고민을 했는데도 말을 한 후 마음이 아프다면, 그 말은 반드시 좋은 효과를 가져옵니다. 속 깊은 사랑으로 전해진 충고이기 때문입니다. 우리 모두 이런 속 깊은 사랑으로 서로를 위로하며 살아가시기 바랍니다.

함께 성숙해 감으로 위로하며 삽시다

사도 바울이 고린도교회의 복잡한 문제를 해결하기 위해 먼저 보낸 사람은 제자 디모데였습니다. 그러나 고린도교회 성도들은 그를 거부했습니다(고전 4:17, 16:10-11). "우리가 알아서 하겠다." 한 것입니다.

요즘도 이런 교회와 교인들이 있습니다. 자기 잘못을 인정하지 않으려고 누군가의 진심어린 충고를 일언지하에 거부합니다. 진정한 충고임에도 반항하고, 거절하고, 대항합니다. 참 안타까운 일입니다. 거부와 저항이 체질화가 되면 변화란 없습니다.

그런데 고린도교회는 바울이 두 번째로 보낸 디도는 적극 환영했습니다. 자신들의 근본적인 문제와 잘못을 인정하고, 새롭게 변화받기로 결정했습니다. 그들은 더 이상 영적 지도자인 바울을 실망시키거나 좌절시키지 않았습니다. 그들은 교회의 머리 되신 예수님께 순종할 뿐만 아니라, 교회의 영적 지도자를 더욱 존중하고, 그의 가르침을 따르기로 결심했습니다.

데살로니가전서 2장 3절 말씀 그대로, 그들은 목회자의 가르침을 사람의 말이 아닌 하나님의 말씀으로 받아들였습니다. 그리고 고린도교회 성도들의 이 같은 변화에 바울은 목회자로서 더욱 가슴 깊은 애정을 품게 되었습니다(affection is all the greater). 그래서 바울은 그들을 더욱 자랑스럽게 여깁니다(4, 7절).

처음부터 바울은 가슴 따뜻한 목회자로서 고린도교회 성도들과 함께 영적으로 성숙하기를 염원했습니다. 그는 자신의 속마음을 이렇게 솔직 담백하게 표현합니다.

여러분을 꾸짖기 위해 이런 말을 하는 것은 아닙니다. 전에도 말했지만 여러분은 우리 마음속에 있어, 우리는 여러분과 함께 죽기도 하고 살기도 할 것입니다. (3절, 쉬운성경)

그는 사랑의 목회자로서 신앙생활의 생사고락을 같이하자고 이야기합니다. 렌스키(Lenski)라는 성경 주석가는 이를 이렇게 풀이합니다.

"우리는 서로서로 마음이 하나입니다. 그 이유는 우리가 동일한 죄에서 죽고, 또한 동일한 영적 생명에서 살았기 때문입니다."

바울은 목회자와 성도가 생사고락을 같이해야 하는 사랑의 관계임을 천명한 것입니다(Plummer). 그리고 이런 순수한 사랑, 곧 잘못에 대해선 함께 십자가에 못 박아 죽고, 좋은 것은 함께 살려 나가려 한 것이 결국 놀라운 열매를 맺었습니다. 문자 그대로 그는 "repent to restore"(회개에서 회복으로)를 이루었습니다.

고린도교회 성도들이 바울의 편지를 처음 받았을 때는 기분이 상하고 언짢았습니다. 바울 역시 자신이 왜 그처럼 엄중하게 죄를 지적하고 그들을 책망해야 하는지 마음이 편치 않았습니다. 그는 고린도교회 성도들의 잘못을 적나라하게 지적하는 편지를 보낸 후, 가슴 아픈 후회를 했습니다. 마음에 걱정과 근심이 가득 찼었습니다(8-10절).

그런데 지금은 너무나 흐뭇하고 기쁜 상태라고 고백합니다. 이것이 고린도후서 7장의 핵심 메시지입니다.

> 이로 인해 우리는 위로를 받았습니다. 또한 우리가 받은 위로 위에 디도가 즐거워하는 것을 보고 우리는 더욱 기뻐하게 됐습니다. 그는 여러분 모두로 인해 심령에 새로운 힘을 얻었습니다. (13절, 우리말성경)

목회자 바울과 고린도교회 성도들은 함께 더 나아져 가는 영적 성숙을 통해 서로 위로를 받았습니다. 서로 세워 주고 존중하며 자랑하는 행복을 누렸습니다.

이것이 곧 서로서로 함께 더 나아져가는 교회생활입니다. 교회는 서로서로 함께 세워져 가고, 더 나아져 가는 위로 공동체입니다. 우리 모두 이런 멋진 교회를 만들어 가기를 축원합니다.

위로의 기도

우리에게 위로의 사명을 주신 하나님, 그 어느 때보다 사랑과 위로가 필요한 시대에, 말이 아닌 가슴으로 서로 사랑하고 격려하여 따뜻한 공동체를 이루게 하여 주옵소서.

위로, 위를 바라보게 하는 힘

Encourage to look up

11

헌금의
헌신을
향상합시다

고린도후서 8:1-11

11

헌금의 헌신을 향상합시다

고린도후서 8:1-11 | 개역개정

¹ 형제들아 하나님께서 마게도냐 교회들에게 주신 은혜를 우리가 너희에게 알리노니 ² 환난의 많은 시련 가운데서 그들의 넘치는 기쁨과 극심한 가난이 그들의 풍성한 연보를 넘치도록 하게 하였느니라 ³ 내가 증언하노니 그들이 힘대로 할 뿐 아니라 힘에 지나도록 자원하여 ⁴ 이 은혜와 성도 섬기는 일에 참여함에 대하여 우리에게 간절히 구하니 ⁵ 우리가 바라던 것뿐 아니라 그들이 먼저 자신을 주께 드리고 또 하나님의 뜻을 따라 우리에게 주었도다 ⁶ 그러므로 우리가 디도를 권하여 그가 이미 너희 가운데서 시작하였은즉 이 은혜를 그대로 성취하게 하라 하였노라 ⁷ 오직 너희는 믿음과 말과 지식과 모든 간절함과 우리를 사랑하는 이 모든 일에 풍성한 것 같이 이 은혜에도 풍성하게 할지니라 ⁸ 내가 명령으로 하는 말이 아니요 오직 다른 이들의 간절함을 가지고 너희의 사랑의 진실함을 증명하고자 함이로라 ⁹ 우리 주 예수 그리스도의 은혜를 너희가 알거니와 부요하신 이로서 너희를 위하여 가난하게 되심은 그의 가난함으로 말미암아 너희를 부요하게 하려 하심이라 ¹⁰ 이 일에 관하여 나의 뜻을 알리노니 이 일은 너희에게 유익함이라 너희가 일 년 전에 행하기를 먼저 시작할 뿐 아니라 원하기도 하였은즉 ¹¹ 이제는 하던 일을 성취할지니 마음에 원하던 것과 같이 완성하되 있는 대로 하라

자동차를 한 대 사면 부과되는 세금 종류가 꽤 많습니다. 개별소비세(특소세), 교육세, 취득세, 등록세, 부가세, 공채매입, 번호판대, 인지대, 수수료, 의무보험료, 그리고 해마다 자동차세를 내야 합니다. 차 한 대에, 나라에서 가져가는 세금이 이처럼 많습니다. 어쩌면 세금은 갈수록 많아질 것입니다.

세금은 농경사회 시절, 적의 침입을 막기 위해 마을마다 군대 제도를 만든 것에서 시작되었습니다. 군인의 숫자가 늘어나다 보니 막상 농사를 지을 인력이 모자라게 됐고, 이에 농부들은 농산물을 내고 군복무를 면제받았습니다. 이것이 세금의 출발입니다. 세금(稅金)을 한자어로 보면, "세"자가 벼 화(禾)와 바꿀 태(兌)가 합해진 것임을 알 수 있습니다.

어느 시대든지 경제가 좋아지면 세금 부과가 높아지고, 경제가 어려워지면 세금 부담이 높아지는 것입니다. 결국 세금 부과냐, 세금 부담이냐 둘 중 하나입니다.

그런데 세금은 우리가 죽은 이후에도 부과됩니다. 죽음으로 인한 상속세, 증여세 등이 그러한 세금입니다. 그래서 이런 말도 있습니다. "인간이 피할 수 없는 것이 두 가지가 있는데, 죽음과 세금이다."

여행이나 출장으로 세계를 다니다 보면, 선진국일수록 이미 지불한 세금 외에 추가되는 세금이 또 있는 것을 보게 됩니다. 숙소 내 시설을 이용한 데 대한 'Resort fee'와 여행자 체류세라고 이해할 수 있는 'City tax'가 그것입니다. 그곳에 머문 날 수만큼 지불하게 되어 있습니다. 사실 조금 억울하단 생각도 듭니다. 그 나라 시민이 아님에도, 단지 머물렀다는 이

유만으로 돈을 내니 말입니다.

여하튼 현대인들은 이 같은 여러 종류의 세금 때문에 마음의 부담이 큽니다. 그런데 세금에 대한 국민의 부담은 옛날에도 마찬가지였습니다. 고린도후서 8장에 등장하는 마케도니아 지역은 세금이 매우 높은 곳이었습니다. 로마제국이 고대 그리스 왕국의 전신이었던 마케도니아 시민들에게 가장 많은 세금을 부과했던 것입니다. 그들로 하여금 로마제국에 완전히 굴복하도록 하고, 또한 스스로 마케도니아를 떠나 살게 하려는 저의였습니다. 이는 곧 그리스 문화와 정신을 말살하려는 정책이었습니다.

그러다 보니 마케도니아 사람들은 경제적으로 매우 힘겹게 살았습니다. 아이가 태어나면, 그 순간부터 경제적으로 부도 인생(bankrupt life)이 시작되는 것이라고 여길 정도였습니다. 그런데 놀랍게도 이런 상황에서 그들의 헌신은 대단했습니다. 사도 바울은 마케도니아 지역 교회들의 헌신을 힘주어 자랑합니다. 이것이 본문의 시작입니다.

경제적으로 심각하게 쪼들리는 형편에서 그들이 얼마나 풍성한 헌금을 했는지를 살펴보면 감동적입니다(1-5절). 2절 말씀 그대로, "그들은 극심한 가난에 쪼들리면서도 많은 희사를 했습니다." 뼛골이 빠질 만큼 힘겨운 여건 가운데서도 그들은 가뭄과 흉년으로 재난을 당한 예루살렘교회를 돕는 데 앞장섰습니다. 홀아비 사정 홀아비가 알고, 과부 사정 과부가 안다고, 그들은 가난이 무엇인지를 몸소 체험하며 살고 있었기에 예루살렘교회 소식이 남일 같지 않았습니다. 그래서 어려운 사정에도 예루살렘교회에 아주 풍성한 구제헌금을 보내 주었습니다. '가난한 자가 가난한 자를 돕는다.'는 말이 여기에 해당합니다.

사도 바울의 3차 전도여행은 유대 지역의 재난을 돕기 위한 구제헌금 모금이 매우 큰 부분을 차지했습니다. 그래서 그는 고린도교회에도 풍성한 헌금을 당부하고 있습니다. 사실 고린도교회는 이미 1년 전에 구제헌금 모금을 실시했었는데, 조금 하다가 흐지부지하고 말았습니다(10절). 바울은 이를 그들이 기분 상하지 않게 지적합니다.

여기서 우리가 마음에 새겨야 할 것이 있습니다. 영성이 떨어질수록 헌신이 약해진다는 점입니다. 영성이 퇴보하는 만큼 헌신에서 물러나게 됩니다. 고린도교회가 얼마나 많은 성령 체험을 하고, 얼마나 많은 은사를 선물로 받고, 영성이 탁월한 곳이었습니까. 그런 교회가 말씀에서 멀어지고, 받은 은사를 감사하기보다 누구의 은사가 더 큰지 서로 비교하며 스스로 영성을 상실하니, 하던 헌금도 멈추게 되어 버렸습니다. 우리라고 다릅니까? 연초에는 뜨거운 마음으로 선교헌금, 구제헌금을 작정합니다. 그러나 몇 달이 지나 그 뜨거운 마음이 식고 영성이 약해지면 작정한 헌금을 마치 옥수수 알 빼 먹듯 빼 먹기 시작합니다. 순수했던 처음 마음이 퇴색되고, 헌신을 다짐한 손을 슬쩍 주머니에 넣어 버립니다.

성경은 이 같은 상황을 정확하게 진단합니다. 헌금은 영적인 문제입니다. 헌금이 곧 헌신이기 때문입니다. 우리가 하나님의 은혜를 충분히 누리며 살면, 헌금생활은 갈수록 향상하기 마련입니다. 헌금이 부담이 아니라 기쁨이 됩니다. 성령 충만하면 없는 상황에서도 하나님께 드리는 기쁨과 보람이 큽니다. 오직 은혜로 사는 사람은 헌금으로 헌신하며 삽니다.

위로, 위를 바라보게 하는 힘

저희 교회 성도들 중에도 이런 분들이 많이 계십니다. 돈을 열심히 벌고 성실하게 모아 교회와 선교를 위해서 아끼지 않고 하나님께 드립니다. 돈이 많아서가 아닙니다. 하나님께 드리는 것이 기쁨이기 때문입니다. 헌금은 돈으로 하기 전에 믿음이 우선이고, 은혜가 우선입니다. 따라서 헌금생활이 곧 자신의 영성입니다. 헌금이 곧 헌신의 척도입니다.

금세기 훌륭한 신학자인 제임스 패커(J. I. Packer)는 "헌금이란 무엇인가? 왜 헌금해야 하는가? 어떻게 헌금해야 하는가?"라는 질문에 다음과 같이 정리해 대답합니다.

"첫째, 헌금은 예수 그리스도를 따르는 제자도의 삶입니다. 우리가 예수님의 제자로 살아갈수록 우리 자신을 진심으로 그분께 드리며 살아갑니다. 헌금은 곧 제자도입니다. 예수님의 주되심을 따라 나의 모든 것을 주님께 드리며 사는 것입니다. 오직 주님만이 내 인생의 주인이 되시기를 바랍니다.

둘째, 헌금은 하나님의 돈을 관리하는 청지기의 삶입니다. 그리스도인의 재정 관리는 내 돈이 아닌 하나님의 재산을 관리하는 것입니다. 그래서 '청지기'라는 단어를 사용합니다. 청지기는 주인으로부터 자산 관리를 위임받은 사람입니다. 우리는 돈을 소유하는 데 그치지 말고, 제대로 사용해야 합니다. 내 수입에 비례해서 헌금도 비례해야 합니다."

성경은 우리에게 훌륭한 헌신의 모델을 보여 줍니다. 바로 다윗입니다. 다윗의 생애를 관찰해 보면 그는 하나님께 드리기 위해서 일평생 최선을 다해 모읍니다. 그리고 때가 되어 하나님의 성전을 짓게 되었을 때, 자신이 평생에 모은 것을 다 드립니다. 자신이 가진 모든 것을 그는 아낌없이, 기쁘게 바쳤습니다.

모든 것이 주께로부터 났으니, 주의 것을 돌려드리나이다.

(대상 29:11, 14 참조)

십일조 생활에 대해 누군가가 다음과 같이 비유하는 것을 들은 적이 있습니다. 그는 십일조 생활의 첫 단계는 다리를 다쳤을 때 목발을 사용하는 것과 같다고 말합니다. 처음 십일조를 내게 될 때는 마치 목발을 짚고 다니는 것처럼 부담이 될 수 있지만, 어느 단계에 도달하면 십일조 이상의 헌금도 자유롭게 드릴 수 있게 되기 때문에 계산적인 목발이 필요 없어진다는 것입니다.

그의 비유와 같이 헌금생활에서 점진적 향상을 이루어야 신앙의 진보와 성숙을 이룰 수 있습니다. 우리의 물질적 가치관이 바뀌지 않으면, 일생 헌금 얘기에 마음이 불편합니다. 그러나 영적으로 성숙하면 헌금에 관한 이야기가 자연스럽습니다.

고린도후서 8장에서는 교회생활과 헌금의 헌신을 명확하게 말해 줍니다. 1절, 6절, 7절, 9절에서 거듭 강조합니다. 핵심은 은혜 속에 사는 만큼 헌금으로 헌신하며 살아야 한다는 것입니다. 은혜가 충만할수록 헌금생활이 기뻐집니다.

이런 전제하에서 바울은 고린도교회를 향하여 마케도니아교회를 본받으라고 당부합니다. 그들은 그토록 경제적으로 어려우면서도 재난을 당한 예루살렘교회 소식에 힘을 다하는 정도가 아니라 힘에 지나도록 헌금을 했습니다.

7절 말씀을 메시지성경으로 보면 바울의 당부가 더욱 강하게 다가옵니다.

> 여러분은 잘하는 일이 참 많습니다. 하나님을 신뢰하는 일도 잘하고, 말도 똑바르게 하며, 통찰력 있고, 열성적이고, 우리를 사랑하는 일도 잘합니다. 그러니 이제 이 일에도(헌금의 헌신) 최선을 다하시기 바랍니다.
> (7절, 메시지성경)

바울의 이 같은 말은 우리의 헌금 헌신 향상에 어떤 지침을 줄까요?

힘든 상황에서도 최선의 헌금으로 헌신합시다

우리 주변에는 경제적으로 어려우면서도 최선을 다해 헌금하는 사람들이 많이 있습니다. 그들을 보면 저절로 머리가 숙여집니다. 성경에 "Remember & Reward"라는 표현이 의도적으로 사용된 것처럼, 하나님께서 그들의 헌신을 기억해 주시고, 기념해 주실 줄 믿습니다. 예수님은 가난한 과부의 동전 두 닢 헌금을 크게 칭찬하시며 그를 축복해 주십니다. 그 은혜가 최선의 헌금으로 헌신한 이들에게 부어질 것을 믿습니다.

우리 교회 젊은이들 중에도 첫 수입을 고스란히 헌금하는 이들이 많습니다. 처음으로 얻은 수입의 전부를 하나님께 드리는 믿음이 얼마나 고귀합니까? 하나님께서 그들을 평생 돌보아 주실 거라고 확신합니다.

우리가 자주 부르는 찬양의 가사처럼, "내 모든 형편 아시는 주님"이 "늘 돌보아 주실 것"을 확실히 믿으며 살아가기를 축원합니다.

먼저 자신을 주님께 드림으로 헌신합시다

마케도니아교회 성도들은 단순히 돈으로 헌금한 것이 아닙니다.

> 그들은 먼저 자신을 주님께 바치고, 또한 하나님의 뜻을 따라서 우리에게도
> 헌신하였습니다. (5절 참조)

앞서 언급했듯이, 로마가 그리스 왕국의 문화적 정신을 말살하기 위해 마케도니아 지역에 무거운 세금을 부과했기 때문에 마케도니아교회 성도들은 사는 게 무척 어려웠습니다. 그럼에도 그들은 몸으로 헌신했습니다. 헌금 이전에 먼저 자신을 주님께 드리며 살았습니다.

하나님께 드리는 것에는 물질이 전부가 아닙니다. 헌금 이전에 자신을 주님께 바치며 살아야 합니다. 하나님께서 요구하시는 헌신은 전체의 헌신, 곧 몸과 돈 모든 것의 헌신입니다.

우리는 헌금을 하면서 '내 소유 가운데 얼마를 하나님께 드려야 할까?'

가 아니라, '하나님께서 주신 복 중에 얼마를 드리면 좋을까?'라고 스스로에게 물어야 합니다. 내 소유 중에 얼마가 아니라, 하나님께서 내게 주신 것 중에서 얼마를 드리는 것입니다.

따라서 가치관의 거듭남이 필요합니다. 예수님은 물질적 거듭남을 끊임없이 강조하십니다. 자신의 헌금지표를 점검해 보십시오. 내 손으로 얼마까지 드려 봤습니까? 헌금은 드리는 만큼 헌신도가 올라갑니다. 믿음이 커집니다. 꿈 너머의 꿈을 꾸는 비전인생을 살게 됩니다.

그런 의미에서 우리에게는 '최고 많이 비전'이 필요합니다. 십일조 최고 많이, 감사헌금 최고 많이, 그리고 우리 교회가 진행 중인 교회사랑 헌금 최고 많이 비전입니다. 하나님께서 그 믿음에 따라 '최고 많이의 복'으로 채워 주실 줄 믿습니다. 내가 하나님께 드리는 것에 따라 하나님의 공급하심이 결정됩니다. 하나님은 우리가 번 돈을 계산하지 않으시고, 우리가 하나님께 드린 돈을 계산하십니다.

금세기 영적 거장인 C.S. 루이스는 이렇게 이야기합니다. "드릴 수 있는 만큼 다 드려라." 그리고 이렇게까지 당부합니다. "힘들 때까지 드려라." 영어 표현을 그대로 직역하면 "아플 때까지 드려 보라"입니다. C.S. 루이스가 어떤 사람입니까? 옥스퍼드 철학자에서 영성의 사람으로 변화된 사람입니다. 그는 자신의 경험을 통해 영적 진보에 대해 말합니다.

우리는 나의 헌금생활에 대해 '자랑'이 아니라 '간증'을 할 수 있어야 합니다. 단순히 헌금의 액수가 아니라, 힘을 다해 헌신한 삶을 간증할 수 있어야 합니다. 이것이 벤처 신앙의 진면목입니다.

오직 사랑으로 헌신을 향상해 나갑시다

7절 말씀은 우리에게 헌신 향상을 위한 실제적인 지침을 줍니다.

여러분은 믿음이나 말에 있어서만 아니라, 지식이나 간절한 마음에서, 그리고 우리를 향한 사랑 등 모든 면에서 뛰어납니다. 그러니 여러분은 이 헌금하는 일에 있어서도 뛰어나게 하시기를 바랍니다. (7절, 쉬운성경)

성경은 헌금생활을 단순한 제도로서 우리에게 요구하지 않습니다. 헌금은 예수님의 십자가 사랑, 그 희생적 사랑을 기초로 하고 있습니다. 예수님은 죄인 된 우리를 사랑하셔서 자신의 모든 것을 다 내놓으셨습니다. 우리를 사랑하셔서 자신의 목숨까지 바치셨습니다.

진심으로 사랑하면 내게 있는 것을 아낌없이 다 줄 수 있습니다. 우리가 제도적으로 헌금하는 것이 아니라 십자가의 사랑, 곧 예수님의 사랑으로 헌신하게 되기를 바랍니다. 그랬을 때 이 헌신이 우리에게 기쁨이 될 것입니다. 우리가 진정으로 예수님을 사랑하고, 주님의 몸 된 교회를 사랑하면, 인생의 모든 것을 걸고 헌신해도 부족함을 느끼게 되어 있습니다. 어떻게 더 헌신할까, 어떻게 더 내 인생을 바칠 수 있을까를 생각하게 됩니다. 그리고 그 같은 헌신에 기쁨을 느끼게 됩니다.

한국 교회의 저력은 성도들의 높은 헌신도에 있습니다. 특히 이북에서 월남하신 분들의 신앙은 언제나 교회 중심입니다. 여전히 그러합니다. 이북 출신 목회자가 많은 교회들은 '주의 전이 먼저다.'라는 생각이 매우 강합니다. 그들은 교회를 일순위로 삼으며, 하나님의 나라를 위해 아주 통크게 헌신하고 살아갑니다. 주님과 교회를 향한 뜨거운 가슴으로 일생을 살아갑니다.

저는 마음이 해이해지려고 하면 늘 이 찬송가를 부릅니다.

"몸밖에 드릴 것 없어, 이 몸 바칩니다. 늘 울어도 눈물로써 못 갚을 줄 알아. 몸밖에 드릴 것 없어, 이 몸 바칩니다."

이 가사가 저의 고백이고, 저의 다짐입니다.

고린도후서 8장은 헌신의 향상을 당부하는 메시지입니다. 처음 마음을 회복하여 힘을 다해 헌신하며 살아가자는 말씀입니다. 헌금의 헌신이 곧 나의 영성을 향상시켜 줍니다.

라틴어에 이런 문장이 있습니다.

"Vel volamus, Vel cadimus."

"더 높이 날 것인가, 아래로 떨어질 것인가."(fly or fall)라는 뜻입니다. 이 것은 우리의 결정에 달려 있습니다. 받은 은혜가 많습니까? 그 은혜에 감사합니까? 그렇다면 헌신하십시오. 은혜 지수만큼 헌신 지수를 높이며 살아가시기를 축원합니다.

위로의 기도

세상의 주인이신 하나님, 우리의 모든 소유가 주께로부터 왔음을 고백하며, 주님을 향한 감사와 사랑으로 물질의 헌신을 다짐하게 하여 주옵소서.

헌금의
부메랑
축복

고린도후서 9:1-9

12

헌금의 부메랑 축복

고린도후서 9:1-9 | 메시지성경

¹ 가난한 그리스도인들을 위한 구제 헌금과 관련해 편지를 더 쓴다면, 똑같은 말을 되풀이하는 것밖에 되지 않을 것입니다. ² 나는 여러분이 이 일에 충분히 준비되어 있다는 것을 알고 있습니다. 나는 마케도니아 어디에서나 여러분을 자랑하며 "아가야에서는 지난해부터 이 일에 준비가 되어 있다"고 말해 왔습니다. 지금은 여러분의 열정에 관한 소문이 그들 대다수에게 퍼진 상태입니다. ³ 이제 내가 형제들을 보내는 것은, 앞서 말한 대로 여러분이 준비되었음을 확인하고 내가 자랑한 것이 과장된 이야기로 끝나지 않게 하려는 것입니다. ⁴ 내가 몇몇 마케도니아 사람과 함께 여러분을 불시에 방문하여 여러분이 준비되지 않은 것을 보게 된다면, 우리가 그토록 자신하며 행동한 것 때문에 여러분과 우리 모두가 부끄러워 얼굴을 붉히게 될 것입니다. ⁵ 내가 이 형제들을 선발대로 뽑은 것은, 그들을 여러분에게 보내어 그곳 상황을 빠짐없이 확인하고, 여러분이 약속한 헌금을 내가 이르기 전에 모두 준비하게 하려는 것입니다. 나는 여러분이 필요한 만큼의 충분한 시간을 두고 여러분 나름대로 헌금을 마련했으면 합니다. 나는 여러분이 억지로 하거나 막판에 허둥대는 것을 바라지 않습니다. ⁶ 인색하게 심는 사람은 적은 곡식을 거두고, 아낌없이 심는 사람은 풍성한 곡식을 거둔다는 것을 기억하십시오. ⁷ 나는 여러분 각자가 충분한 시간을 두고 생각한 다음, 얼마를 낼 것인가 작정하기를 바랍니다. 그렇게 하면 구차한 변명을 늘어놓거나, 마지못해 하는 일이 없게 될 것입니다. 하나님께서는 즐거운 마음으로 베푸는 사람을 기뻐하십니다. ⁸ 하나님께서는 온갖 복을 놀라운 방식으로 부어 주실 것입니다. 이는 여러분이 꼭 해야 할 일을 하도록 준비시키는 것에 그치지 않고, 무슨 일이든지 넉넉히 할 수 있도록 준비시키려는 것입니다. ⁹ 이는 시편 기자가 말한 그대로입니다. 그는 **가난한 사람들에게 거침없이, 아낌없이 베푼다. 그가 사는 방식, 그가 베푸는 방식은 참되어서 결코 끝나거나 닳아 없어지지 않는다.**

우리에게 놀이기구로 익숙한 부메랑은 원래 호주 원주민들이 새나 작은 짐승을 사냥할 때 사용한 사냥도구입니다. 참 신기하게도, 한쪽 끝을 잡고 손목을 비틀면서 던지면 곧게 날아가다가 어느 시점에서 큰 원을 그리며 다시 돌아옵니다. 이것이 하나님 나라에서의 추수의 법칙입니다. 바울은 다음과 같이 확실하게 선언합니다.

적게 심는 사람은 적게 거두고, 많이 심는 사람은 많이 거둡니다. (6절, 새번역)

한마디로 흑자인생의 보장입니다. 우리는 기쁘고 감사해서 헌신한 것인데, 주님은 그런 우리에게 은혜와 축복으로 되돌려 주십니다. 따라서 헌금은 우리 손에서 사라지는 것이 아니라 부메랑처럼 다시 우리에게 돌아옵니다.

헌신에는 두 종류가 있습니다. 보상적 헌신이 있고, 은총적 헌신이 있습니다. 보상적 헌신(1차원적인 신앙으로, 받기 위해서 헌신하는 것)은 조건적입니다. 그래서 이런 헌신을 하는 사람들에게 꼭 찾아오는 병이 있습니다. 바로 '섭섭병'입니다. 내가 한 만큼 인정받고 칭찬받으려는 마음이 있기 때문에 기대한 만큼의 보상이 없으면 섭섭한 것입니다. 반면, 은총적 헌신은 내가 가지고 누리는 모든 것이 하나님의 은혜임을 알기에 즐거운 마음으로 하는 것입니다. 즉, 하나님의 사랑에 대한 감사의 반응입니다. 은총적 헌신으로 살아가는 사람은 헌신을 통해 하나님의 은혜를 체험하게 되고, 그래서 헌신이 더 기쁘고 즐거워집니다. 힘들어도 섬김에 기쁨이 있고, 기

위로, 위를 바라보게 하는 힘

쁘니까 또 섬기게 됩니다. 신비한 중독성이 있습니다.

우리는 1차원적 신앙으로 보상을 받기 위해 헌신하는 것이 아니라, 주님의 은혜와 사랑에 감사하여 헌신해야 합니다. 더 나아가서 하나님의 은혜를 체험할수록 기쁨과 감격으로 헌신해야 합니다.

사도 바울은 구제헌금을 모으기 위해 순회선교여행을 했습니다. 그의 3차 선교여행의 주요 목적 중 하나는 예루살렘교회를 돕는 것이었습니다. 그러나 그는 결코 교인들에게 억지로 헌금을 많이 거두려고 하지 않았습니다. 그는 교회들을 다니며 헌신하는 이들에게 되돌려주시는 하나님의 풍성한 은혜와 축복을 확신시켜 줍니다. 그중에서 고린도교회에게는 특별한 은혜를 받은 만큼 풍성하게 헌금할 것을 요청합니다. 그리고 고린도교회를 더욱 칭찬하고 자랑합니다. 특히 앞으로 받게 될 놀라운 축복을 그림언어로 확신시켜 줍니다. 8장의 메시지가 풍성한 헌금을 하라는 것이라면, 9장에서는 그에 따른 풍성한 축복의 보장을 확인시킵니다.

바울은 고린도교회 성도들에게 단순히 헌금을 많이 내라고 강요하기보다, 더 큰 축복의 그릇이 되도록 그들에게 비전을 심어 줍니다. 그야말로 'Good to Great'의 복음입니다. 좋은 신자를 뛰어넘어 멋진 신자, 위대한 신자, 훌륭한 신자가 되도록 이끄는 것입니다.

본문 6-8절 말씀입니다.

요점은 이러합니다. 적게 심는 사람은 적게 거두고, 많이 심는 사람은 많이 거둡니다. 각자 마음에 정한 대로 해야 하고, 아까워하면서 내거나, 마지못해서

하는 일은 없어야 합니다. 하나님께서는 기쁜 마음으로 내는 사람을 사랑하십니다. 하나님께서는 여러분에게 온갖 은혜가 넘치게 하실 수 있습니다. 그러하므로 여러분은 모든 일에 언제나, 쓸 것을 넉넉하게 가지게 되어서, 온갖 선한 일을 얼마든지 할 수 있습니다. (6-8절, 새번역)

이처럼 하나님의 은혜는 대단히 역설적입니다. 하나님은 이미 은혜와 복을 많이 받은 고린도교회에게 더 큰 은사와 복을 주신다고 약속하십니다. 그들은 헌금을 하기 위해 지갑에서 돈을 빼냈는데, 하나님은 그들의 빈 지갑을 더욱 넉넉하게 채워 주셔서 좋은 일을 얼마든지 할 수 있는 흑자인생이 되게 해 주신다고, 넘치게 축복해 주신다고 확신시켜 줍니다.

이것을 성경적으로 'Meritocracy'라고 합니다. 소위 '은혜 위에 은혜' 공식입니다. 예수님은 "있는 자에게 더 주라. 이미 복을 충분히 받은 자에게 더 복주라. 상을 받은 자에게 더 큰 상을 주라"고 하십니다. 하나님은 잘하는 자에게 더 잘되는 복을 주십니다.

주라. 그리하면 되를 많이 꾹꾹 눌러 흔들어서 넘치도록 너희 품에 안겨주실 것이다. (눅 6:38 참조)

스티븐 코비(Stephen Covey)는 그의 책에서, 내 것을 나눠 주면 내가 가난해진다는 '고갈의 개념'(Scarcity mentality)을 버리고, 어렵고 힘들더라도 남과 나누면 후에는 내가 더욱 부유해진다는 '풍성의 개념'(Abundance mentality)을 강조합니다. 나누고 베풀수록 하나님이 하나님의 방법으로 채워 주시는 이 풍성의 개념으로 살아갈 수 있기를 축원합니다.

조선시대 후기 실학자 박제가(朴濟家: 1750-1805년)는 이렇게 말합니다. "대저 재물은 우물과 같다. 퍼 쓸수록 자꾸 가득 차고, 이용하지 않으면 말라 버린다."

저처럼 시골에서 자란 사람들은 이 말을 실감합니다. 샘의 물을 퍼내지 않으면 샘은 썩고 말라 버립니다. 물을 자주 퍼내어 사용해야 새로운 물이 나옵니다. 마찬가지로 하나님께서 주신 축복 또한 계속 올바른 곳에 사용해야 하나님이 다시 새로운 축복으로 더해 주십니다.

얼마 전에 책을 읽다가 어떤 통계가 소개되어 있는 것을 보았습니다. "최고급 휴대폰 기능 중 70%는 쓸데가 없다. 최고급 승용차의 속도 중 70%는 불필요하다. 초호화 별장의 70%는 항상 비어 있다. 대학 교수 강의 중 70%는 쓸데없는 소리만 지껄인다. 정치인들의 사회활동 70%는 의미 없는 것이다. 집안의 생활용품 중 70%는 놔두기만 하고 쓰지 않는 것이다. 한평생 아무리 많은 돈을 벌어도 70%는 자신이 아닌, 다른 사람이 쓴다." 한마디로 인생은 주느냐, 빼앗기느냐입니다. 쓰느냐, 없어지느냐입니다. 드리느냐, 사라지느냐 입니다.

20세기 철강사업의 선구자였던 앤드류 카네기(Andrew Carnegie)는 자신의 어머니가 유언으로 남긴 쪽지의 글을 마음 판에 새기고 실천했습니다.

"너의 평생에 하나님의 창고를 부하게 하라. 그리하면 네 창고는 항상 넘치게 될 것이다."

하나님은 오늘도 여전히 우리에게 풍성한 은혜와 풍성한 복을 주시기를 기뻐하십니다.

성경은 창세기 1장부터 하나님의 이름을 "엘로힘"으로 부각시킵니다. 엘로힘은 '풍성하신 하나님'을 뜻합니다. 다시 말해, 하나님은 모든 것을 넉넉하게 갖고 계신다는 의미입니다. 생명도, 능력도, 은혜도, 사랑도 그 모든 것이 넘치도록 풍성하다는 것입니다. 히브리어 복수강조 어법으로, 하나님은 사랑과 축복에 있어서 풍성하신 하나님이심을 강조합니다.

창세기의 시작이 풍성하신 하나님을 확신시켜 주듯이, 구약성경 마지막 책인 말라기서도 넘치도록 풍성하게 축복하시는 하나님을 확신시켜 줍니다. 주님은 천 배의 은총을 천 대까지 베풀어 주신다고 약속하십니다. 그리고 구약성경에서 하나님을 이같이 표현하듯이, 사도 바울은 그의 서신을 통하여 "풍성하신 하나님"을 58번이나 반복해 부각시키고 있습니다.

고린도교회는 은혜를 많이 받은 만큼 헌신도, 곧 헌금에 대한 열의가 높았습니다. 다른 지역 교인들에게까지 도전과 감동을 줄 정도였습니다. 그래서 바울은 "지금은 여러분의 열정에 관한 소문이 그들 대다수에게 퍼진 상태입니다"(2절)라고 말하며 고린도교회를 격려하고 칭찬합니다. 우리의 헌신이 다른 누군가에게 도전과 감동을 줄 수 있다면, 참 복된 일입니다.

'헌금'으로 번역된 단어는 헬라어로 '율로기아'(eulogias)인데, 이는 '축복'(blessing)을 뜻합니다. 그렇습니다. 헌금이 곧 축복입니다. 헌신하는 만큼 복을 누리게 됩니다. 특별히 하나님은 즐겁게 바치는 자를 사랑하고 축복하십니다(7절).

기독교 초기 교부 크리소스톰(Chrysostom)은 이런 멋진 말을 했습니다.

"만일 우리가 즐거운 마음으로 연보하면 이중 상급이 따라온다. 첫째는 연보 그 자체 때문에 오는 상급이고, 둘째는 즐거운 마음으로 그것을 실행한 것 때문에 오는 상급이다."

한 스푼의 물로 큰 강을 만들어 내는 효력을 가진 것이 바로 헌신입니다.

하나님의 축복공식은 곱셈입니다. 삼십 배, 육십 배, 백배, 천배, 만 배로 갚아 주십니다. 그러니 속단하지 마십시오. 하나님께 헌신하여 망하는 사람은 없습니다. 물론 잠시 내리막길을 걸을 수는 있습니다. 그러나 그것은 하나님이 빚어 가시는 연단의 시간입니다. 하나님은 헌신한 자의 후대에 가서라도 틀림없이 채워 주십니다. 우리나라의 순교자들을 보십시오. 다 뺏기고 강탈당했습니다. 그런데 하나님이 하나님의 때에 얼마나 기가 막히게 채워 주셨는지 모릅니다. 하나님께서는 헌신한 자들을 승법공식으로 축복해 주십니다.

최근 미국에서 떠오르는 차세대 목회자인 앤디 스탠리(Andy Stanley)가 쓴 저서 중에 『헌금의 기쁨』이라는 책이 있습니다. 그는 이 책을 통해 헌금생활을 즐겁게 발전시켜 나갈 수 있는 원리를 가르쳐 줍니다. 십일조를 기초로 우선순위에 따라 점진적으로 상향해 나가며, 자신의 수입과 영적 성장에 따라 비율적인 상향을 추진해 나가자는 좋은 원리입니다. 헌신의 비율을 상향시켜 나가라는 것입니다. 그는 이 '우선적, 점진적, 비율적 상향'의 원리를, '헌금의 3P 원리'로 가르칩니다.

첫째, 헌금의 우선순위(Priority giving)입니다. 우리는 모든 지출에서 헌금이 최우선순위가 되어야 합니다. 수입에서 헌금부터 떼어놓는 것입니다(5, 7절). 주일에 허겁지겁 지갑을 열어 그 안에 있는 돈을 내는 것은 참된 헌금이 아닙니다. 작정한 금액이 있는데 준비 없이 가서는 주머니를 뒤져 나오는 돈으로 드리는 것도 참된 헌금이 아닙니다. 하나님은 구걸하여 받으시는 분이 아닙니다. 결국 헌금의 우선순위란, 하나님을 최우선하라는 암묵적 메시지입니다. 헌금은 '그냥 중요한 것'이 아니라, '가장 중요한 것'입니다. 본문 13절 말씀 그대로, 하나님이 기뻐하실 줄 믿습니다.

둘째, 수입에 비례한 헌금(Percentage giving)입니다. 수입에 비례하여 십일조와 헌금을 드려야 합니다. 하나님의 계산 방법은 단순한 '액수', 곧 헌금의 분량이 아니라 '비율'입니다. 우리가 계산해야 하는 것은 하나님께 바친 돈이 아니라 수입에 따른 헌금의 비율입니다. 어느 목사님의 말씀처럼, 자신의 집이나 승용차 등급에 맞게 헌금생활을 하는 것이 바람직합니다.

셋째, 헌금의 성장(Progressive giving)입니다. 우리의 믿음이 성장하는 만큼 헌금도 성장해야 합니다. 헌금의 증액만큼 믿음의 수준이 높아지는 것입니다. 자신의 헌금의 성장을 분석해 보십시오. 몇 년 동안 동결 상태는 아닙니까? 그 사이 물가는 얼마나 올랐습니까?

우리 모두가 인정해야 합니다. 헌금이 곧 나의 신앙고백입니다. 헌금수준이 곧 내 신앙의 수준입니다. 예수님은 이렇게 말씀하십니다.

네 재물이 있는 곳에 네 마음도 있다. (마 6:21, 쉬운성경)

우리는 때때로 하나님보다 돈을 더 우선하거나 중시하는 경향이 있습니다. 하지만 기억하십시오. 돈이 있어서 헌금을 하는 것이 아닙니다. 직분을 받았기 때문에 헌금하는 게 아닙니다. 주님을 사랑하기 때문에 헌금하는 것입니다. 하나님의 은혜를 체험하는 만큼 헌금이 기쁨으로 향상될 줄 믿습니다. 교회를 사랑하면 헌금합니다. 선교를 가슴에 품고 사는 사람은 선교헌금을 합니다. 은혜가 넘칠수록 헌신 수준도 높아집니다.

그래서 네 번째 P를 추가합니다. 바로 특별 헌금(Prompted giving)입니다. 정규적인 헌금에 '특별히 더 드리는' 헌금입니다. 그의 가르침대로, 우리는 "너무 많이 헌금하는 것을 두려워할 것이 아니라, 너무 적게 드리는 것을 두려워해야 합니다."

우리는 내가 하는 헌금의 양에 따라 내 수입이 내려갈 수도 있음을 기억하며 긴장해야 합니다. 성경은 우리의 헌금에 대하여 부메랑 효과를 보증합니다. 즉, 하나님께 드리는 만큼 돌아온다는 공식입니다. 또한 헌금은 '해야 하는 것이라서' 하는 게 아니라, "하고 싶어져서" 하는 것이어야 합니다. 이것이 은혜를 제대로 받고 사는 자의 행복한 모습입니다.

이런 말이 있습니다. "당신이 첫 단계를 시작하면, 하나님이 나머지를 이루어 주신다."(Just take the first step, God will do the rest). 우리가 헌신을 결단하고 실행하면, 하나님이 더 큰 축복으로 되갚아 주심을 믿으시기 바랍니다.

고린도후서 9장은 헌금의 유익, 곧 헌금이 가져오는 어마어마한 축복을 다음과 같이 이야기합니다.

여러분이 행한 이러한 봉사는 성도들의 부족한 부분을 채웠을 뿐만 아니라, 그것으로 많은 사람들이 하나님께 많은 감사를 드리게 될 것입니다. 여러분이 낸 구제 헌금은, 여러분이 그리스도의 복음을 믿고 순종한다는 것과 여러분이 그들이나 다른 모든 사람들을 너그럽게 도와주었다는 증거이므로, 그들이 하나님께 영광을 돌리게 될 것입니다. 성도들은 하나님께서 여러분에게 보이신 놀라운 은혜로 인해 깊은 애정을 가지고 여러분을 위해 기도할 것입니다. (12-14절, 쉬운성경)

우리의 헌금은 필요한 사람들에게 복을 나누어 주는 역할을 합니다. 또한 자신에게도 복이 되어 돌아오게 합니다. 왜냐하면 헌금은 하나님께 영광을 돌리는 것이기 때문입니다. 이것이 오늘 말씀의 피날레입니다(13절). "Your giving will glorify God."

자랑스러운 크리스천 기업인 한 분을 소개하려고 합니다. '영안모자'의 창업자 백성학 장로님이십니다. 신앙을 지키기 위해 이북에서 혈혈단신으로 내려오신 분으로, 초등학교 3학년 학력이 전부입니다. 그런데 몇 년 자료를 기준으로, 그는 연간 1억 개의 모자를 생산하여 세계 모자 시장의 80%를 석권하고 있습니다. 그의 간증이 담긴 책, 『내가 만들지 않은 성공』은 매우 감동적입니다.

책 제목 그대로, 성공은 내가 만들어 내는 것이 아니라, 하나님의 은혜와 복 주심입니다. 하나님이 은혜를 주셔야 성공할 수 있습니다. 우리가 헌신할 때, 그 헌신은 하나님의 복으로 바뀌어 부메랑처럼 우리에게로 다

위로, 위를 바라보게 하는 힘

시 돌아옵니다.

이처럼 하나님은 물질로 헌신하는 고린도교회에게 더욱더 풍성한 영적 은혜를 주십니다.

> 그들이 너희를 위하여 간구하며 하나님이 너희에게 주신 지극한 은혜로 말미암아 너희를 사모하느니라 (14절, 개역개정)

그리고 15절 말씀 그대로 "말로 다 할 수 없는" 성령의 은사들을 하나님이 쏟아부어 주십니다. 이것이야말로 Meritocracy, 계속 선순환 되는 부메랑 축복입니다.

우리가 다른 사람이 사모할 만큼 축복이 따라붙는 부메랑 신자가 될 수 있기를 축복합니다. 기억하십시오. 하나님은 나의 작은 헌신에도 천배, 만 배의 부메랑 축복으로 더해 주십니다.

위로의 기도

우리의 필요를 채우시는 하나님, 물질 사용의 우선순위를 바로 세우게 하시고, 우리가 기쁨으로 하나님께 드릴 때 더 크게 채워 주시는 주님의 은혜를 체험하게 하여 주옵소서.

13

권위의
사람으로
살아가기

고린도후서 10:1-8, 18

13

권위의 사람으로 살아가기

고린도후서 10:1-8, 18 | 쉬운성경

¹ 나 바울은 그리스도의 온유함과 너그러움을 의지하여 여러분에게 권합니다. 나는 여러분과 얼굴을 맞대고 있으면 유순하다가도, 여러분을 떠나 멀리 가 있으면 담대해집니다. ² 여러분에게 부탁합니다. 내가 여러분에게 갈 때에 우리를 보고 세상의 표준대로 산다고 헐뜯는 사람들에 대해 강경하게 대하듯이, 여러분에게 내가 그렇게 대하지 않도록 해 주십시오. ³ 우리가 이 세상에 살기는 하지만, 세상이 싸우는 것과 같은 싸움은 하지 않습니다. ⁴ 우리의 무기는 세상의 무기가 아니라, 강한 요새라도 파괴하는 하나님의 능력입니다. 우리는 모든 이론들을 파괴하고, ⁵ 하나님을 아는 지식에 대항하는 온갖 교만한 생각들을 물리쳐, 모든 생각들을 사로잡아 그리스도께 복종시킵니다. ⁶ 우리는 복종하지 않는 모든 행위들을 벌할 준비가 되어 있습니다. 그 때가 되면, 여러분은 온전히 순종하게 될 것입니다. ⁷ 여러분은 사물의 겉모습만 보고 있습니다. 누구든지 자기가 그리스도께 속한 사람이라고 생각하는 사람이 있다면, 그 사람은 자기가 그리스도께 속한 것처럼, 우리도 그리스도께 속한 사람이라는 사실을 다시한 번 생각해 보아야 합니다. ⁸ 주님께서 우리에게 주신 권세는 여러분을 넘어뜨리라고 준 것이 아니라 덕을 세우라고 주신 것이므로, 내가 이에 대해 지나치게 자랑한다고 하더라도 부끄러울 것이 전혀 없습니다. ¹⁸ 옳다고 인정받는 사람은 스스로 자신을 칭찬하는 사람이 아니라 주님께서 칭찬하시는 사람입니다.

이 시대는 권위를 전근대적인 요소로 바라봅니다. '권위'라는 말 또한 전근대적인 용어가 되어 버렸습니다. 그러다 보니 어른의 권위, 상급자의 권위, 선생님의 권위는 땅바닥으로 떨어졌습니다.

한 사회학자는 이를 '3D 현상'이라고 정의합니다. 첫째, 탈규제화 시대 (Deregulation)입니다. 젊은 층일수록 어떤 조직력으로도 규제나 통제가 어렵습니다. 둘째, 탈중개화 시대(Disintermediation)입니다. 직거래 또는 직구(직접구매)가 흔해지다 보니 중개인의 역할이 필요 없어지고 있습니다. 중간 리더십을 군이 필요로 하지 않은 것입니다. 셋째, 탈권위 시대(De-authority)입니다. 젊은 세대일수록 사회구조의 상하질서를 따르려 하지 않습니다. 학교에서 학생들은 선생님의 권위를 인정하지 않고, 가정에서도 자녀들이 부모의 권위에 복종하지 않습니다.

이 시대는 소위 상하 계층 소멸의 시대(De-layer)입니다. 점점 더 상하 구조가 사라지고 있습니다. 젊은 세대일수록 기성세대의 지시나 명령을 싫어합니다. 자식도 부모의 말을 들으려 하지 않습니다. 듣는 것 자체를 싫어하고, 오히려 자신의 의견을 강력히 피력합니다.

이처럼 권위를 존중하거나 인정하지 않으니, 문제는 하나님의 권위도 인정하지 않습니다. 선생님, 상급자, 부모 등 인간의 권위를 인정하지 않는 것에서 그치는 게 아니라, 이것이 하나님의 권위에 대한 정면 도전으로 이어지는 것입니다.

21세기 문화, 예술, 과학은 신성모독의 발언들을 거침없이 내뱉습니다. 하나님을 거역하는 것을 공공연하게 드러냅니다. 세상은 이제 그 어떤 권위도 인정하지 않는 것처럼 보입니다. 그리고 이런 추세에 따라, 교회의 영적 권위 또한 실추되고 있습니다. 20세기 영국의 설교자였던 마틴 로이드 존스(Martyn Lloyd Jones)는 그의 명저『영적 권세』(Spiritual Authority)에서 현대 교회의 취약점을 다음과 같이 지적합니다.

"첫째, 교회가 성령님의 능력으로 충만해서 그 능력(power)이 세상을 강력(powerful)하게 변화시켜야 할 텐데, 오히려 무력한(powerless) 교회가 되었다. 둘째, 교회가 소망을 잃고 허덕이는 세상에 희망을 주어야 할 텐데, 오히려 소망 없는 교회가 되었다. 셋째, 교회가 불쌍하고 가난하고 비참하게 사는 인생들의 영혼에 도움을 주어야 할 텐데, 그다지 도움을 주지 못하는 교회가 되었다."

교회만큼은 세상의 희망이 되어야 하는데, 세상이 보기에 교회에는 희망이 없습니다. 세상은 교회만큼은 다르기를 기대하는데, 세상이 바라보는 교회는 세상과 다르지 않습니다. 부끄럽게도, 세상이 교회를 볼 때 측은한 공동체가 되어 버렸습니다.

그런 점에서, 21세기 교회는 그 어느 때보다도 영권 회복과 새로운 영성 향상이 필요합니다. 교회와 교인들의 영성이 향상될수록 세상을 향한 영적 권세(Spiritual Authority)가 높아집니다. 교회와 교인들의 영적 권세가 높아지는 만큼 결국 하나님이 높임을 받으시고, 하나님의 권세가 세상 가운데 드러나게 됩니다. 이것이 교회가 '신성과 권위'(divinity & dignity)를 잘 지켜나가야 하는 이유입니다.

하나님은 우리에게 놀라운 권세를 주셨습니다. 성경은 하나님이 예수님을 믿는 자들에게 하나님의 자녀로 살아가는 "권세"를 주셨다고 이야기합니다(요 1:12). 이것은 실로 엄청난 축복입니다. 물론 교만하고 거드름을 피우며 살아서는 안 됩니다. 겸손함과 온유함으로 살아야 합니다. 그러나 그 안에 하나님의 자녀, 하나님이 함께하시는 사람, 하나님이 돌보시는 사람, 하나님이 축복하시는 사람, 하나님이 지켜 주시는 사람, 하나님의 사람이라는 신성과 권위가 있어야 합니다.

예수님은 자신의 핏값으로 교회를 세우셨기에, 지상의 교회 위에 천국 열쇠를 맡기실 만큼 교회에 엄청난 영적 권세를 주셨습니다.

> 내가 천국 열쇠를 네게 주리니 네가 땅에서 무엇이든지 매면 하늘에서도 매
> 일 것이요 네가 땅에서 무엇이든지 풀면 하늘에서도 풀리리라
> (마 16:19, 개역개정)

우리에게는 하늘을 열고 땅을 풀 수 있는 영적 권세가 있습니다. 이는 교회와 신자들에게 주신 엄청난 영권의 축복입니다.

따라서 교회가 비록 이 세상에서 많은 핍박과 지탄을 받고, 어려운 일을 많이 만난다 할지라도, 예수님의 말씀 그대로 음부의 권세가 교회를 이기지 못합니다. 세상이 아무리 다양한 방법으로 교회를 공격하고 억압한다 할지라도, 교회를 이길 수는 없습니다. 예수님께서 십자가의 능력으로 이미 세상과 마귀를 이기셨기 때문입니다. 요한복음 16장 33절은 이렇게 선언합니다.

이 세상에서는 너희가 고난을 당할 것이다. 그러나 담대하여라! 내가 세상을 이기었다! (요 16:33, 쉬운성경)

살아가면서 여러 환란을 만나게 됩니다. 때로 핍박이 있습니다. 시련과 고난을 겪습니다. 예수님을 믿기 때문에, 교회이기 때문에 손해를 감수하며 살아야 합니다. 그러나 교회는, 우리는 결코 지지 않습니다. 결국은 주님이 승리하게 하십니다. 예수님께서 십자가의 보혈로 세우신 교회는 이 세상의 그 어떤 핍박도 거뜬히 이겨 내게 되어 있습니다.

옛날이나 지금이나 교회를 대적하는 자를 주님은 반드시 엄중하게 심판하십니다. 앞으로도 마찬가지입니다. 한 신학자의 정의가 아주 멋집니다. "비록 교회는 많은 비판자를 가지고 있을지라도, 대적하는 자는 가지고 있지 않다." 주님이 다스리신다는 의미입니다.

그렇습니다. 세상은 결코 교회를 이기지 못합니다. 2천 년 기독교 역사 속에서 환란이 없는 때가 있었습니까? 그러나 환란 속에서도 교회는 망하지 않았습니다. 주님이 이기시기 때문입니다. 그래서 조직신학에서도 교회를 두 가지로 정의합니다. 지상 교회와 천상교회, 즉, 전투하는 교회(a militant church)와 승리하는 교회(the Triumphant Church)입니다. 그러므로 성경은 하나님이 세우신 교회와 기름 부어 세우신 자의 권위를 존중하고, 그에게 복종하라고 당부합니다(히 13:17).

그런데 2천 년 전 고린도교회 교인들 중 일부는 사도 바울의 사도권에 도전하였습니다. 그의 사도직을 인정하지 않는 반항운동을 전개한 것입니다. 그들은 가장 비열한 공격 방법 중 하나인 외모의 약점을 건드립니다. 그들은 바울의 용모와 신체적 결함, 말의 어눌함 등을 공격하며 그의 사도직을 거부했습니다. 바울의 초라한 용모를 조롱하며 그의 권위에 저항한 것입니다. 마치 구약시대에 아론과 미리암이 모세 아내의 피부색을 가지고 모세의 영적 권위에 도전한 것과 비슷합니다. 바울은 이때 고린도 교회 불온세력의 근원이 영적인 문제임을 간파하고, 아주 지혜롭게 자신의 권위에 대해 풀어 갑니다.

우리는 권위주의자가 되어서는 안 됩니다. 그러나 '권위 있는 신앙인'은 되어야 합니다. 세상이 함부로 하지 못하는 영적 권위를 지닌 그리스도인이 되어야 합니다. 목사, 장로 같은 외형적 역할이 아닌 우리 안의 영성 때문에 권세가 있는 하나님의 사람이 되기를 바랍니다.

그렇다면 성경은 영적 권위를 가지고 살아갈 수 있는 방법으로 무엇을 제시할까요?

성숙한 인격으로 자신의 권위를 세워 갑시다

사도 바울은 자신의 용모를 조롱하며 영적 권위에 도전하는 자들에게 온유함과 관대함으로 반응합니다. 결코 감정적으로 맞붙어 싸우지 않습니다. 그는 자신을 인신공격하는 자들에게 강경하게 맞서지 않고, 성숙한 인격으로 그들을 대합니다(1-2절).

이것이 자신의 권위를 더욱 잘 세워 가는 비결입니다. 살다 보면, 다툼

이 생기고 인신공격을 받을 수도 있습니다. 이때 성숙한 인격으로 대응하여 권위를 지킬 수 있기를 바랍니다. 감정적으로 대응하고, 혈기를 부릴수록 권위는 떨어집니다. 그리스도인의 영적 권위는 성품과 인격으로부터 나옵니다.

말씀을 표준으로 삼아 자신의 권위를 세워 갑시다

바울의 대적자들은 바울이 기준 없이 살고 있다며 공격했습니다. 바울이 선교를 위해, 복음 전도를 위해 상황에 맞게 행동한 것을 '기준 없는 삶'이라고 트집 잡은 것입니다.

바울은 이방인을 대할 때 당시 유대인들처럼 권세를 부리지 않고, 그들의 상황에 맞게 다가갔습니다. 또한 유대인에게는 그들의 삶의 배경과 수준에 맞게 다가갔습니다. 많이 배운 사람, 배우지 못한 사람 모두에게 맞추어 복음을 전했습니다.

그러나 그는 결코 말씀을 벗어나지 않았습니다. 사도 바울은 철저하게 하나님의 말씀을 따라 살았습니다. 그는 당시 유행하고 있었던 여러 종류의 헬라 철학과 사상을 오직 하나님의 말씀으로 평정시켰음을 천명합니다.

비록 우리가 육체를 입고 살고 있지만 육체를 따라 싸우지 않기 때문입니다.
우리가 가지고 싸우는 무기는 육체에 속한 것이 아니라 견고한 요새를 무너뜨리는 하나님의 능력입니다. 우리는 모든 궤변을 무너뜨리고 하나님을 아는 지식을 대적해서 스스로 높아진 모든 주장을 무너뜨리고 모든 생각을 사로잡아 그리스도께 복종시킵니다. (3-5절, 우리말성경)

당시는 수사학과 웅변술이 탁월했던 시대입니다. 말을 잘하면 사람들에게 인정을 받고 인기를 얻었습니다. 그러나 사도 바울은 그러한 능력이 아닌 오직 하나님의 말씀으로 세상 철학과 이념을 평정시켰습니다.

우리가 성경을 표준으로 여기며 살수록 영적 권세의 사람이 됩니다. 모든 기준을 성경에 두시기 바랍니다. 소위 '내 주장, 내 생각, 내 의견, 내 사상, 내 사정, 내 입장'이 기준이 되어서는 안 됩니다. 자기주장이 강할수록 권위는 실추됩니다.

빌리 그레이엄(Billy Graham) 목사님의 설교가 힘이 있는 이유는, 그가 설교 때마다 자주 하는 이 한마디에 있습니다. 언제나 그는 성경을 손에 들고 말합니다.

"According to the Bible(성경에 따르면). The Bible says(성경이 말하기를)."

하나님의 말씀을 표준으로 삼는 자일수록 그가 하는 말에 권위가 있습니다. 말씀 중심으로 살수록 하나님께서 권위를 주십니다.

예수님처럼 섬김의 삶으로 자신의 권위를 세워 갑시다

바울의 선교는 곧 섬김과 희생이었습니다. 그는 사도의 권위로 군림하지 않았습니다. 오히려 예수님이 그러셨듯이 사람들과 교회를 섬겼습니다. 그의 리더십은 서번트 리더십(Servant Leadership)이었습니다.

그는 스스로 '종'이라는 표현을 즐겨합니다. 당시 계급 사회였던 로마에 보낸 편지는 이렇게 시작합니다.

그리스도 예수의 종 바울은 (롬 1:1, 우리말성경)

자신의 사도직이야말로 섬기는 종의 직책이라고 공언한 것입니다. 아주 멋진 자기 정체성 고백입니다. 또한 그는 이렇게 호소합니다.

자기 스스로 예수 그리스도께 속한 사람으로 여긴다면 그분처럼 섬기면서 살아야 합니다. (7절 참조)

세상에서도 마찬가지입니다. 다스리는 자보다 섬기는 자에게 더 권위가 있습니다. 세상도 섬김의 리더십을 강조합니다. 테레사 수녀의 말처럼 섬길 줄 아는 사람만이 다스릴 자격이 있습니다. 바울은 이런 섬김의 신앙을 다음과 같이 고백합니다.

주님께서 우리에게 주신 권세는 여러분을 넘어뜨리라고 준 것이 아니라 덕을 세우라고 주신 것이므로, 내가 이에 대해 지나치게 자랑한다고 하더라도 부끄러울 것이 전혀 없습니다. (8절, 쉬운성경)

하나님은 교회 위에 군림하고 사람들을 억압하며 사람들에게 아픔과 상처를 주라고 권위를 주신 것이 아닙니다. 오히려 사람들을 도와주고 감싸 주며 섬기도록 권위를 주신 것입니다. 누군가를 돌보아 줄 만한 형편이나 위치에 있습니까? 그렇다면 하나님이 주신 그 권위를 잘 활용하시기 바랍니다.

태국 치앙마이 중앙교회를 아주 훌륭하게 뒷바라지해 주는 분이 있습니다. 태국 정부의 장관까지 역임한 분으로, 태국교회의 장로님이자 독실한 크리스천이십니다. 그는 한국 선교사들과 목회자들에게 이렇게 제안합니다. "나를 써먹을 수 있을 만큼 사용하십시오. 제가 아직은 도울 수 있는 자리에 있으니 마음껏 저를 활용하십시오."

저는 이분의 표현이 참 감동적입니다. 얼마나 훌륭한 리더십입니까.

신행일치로 자신의 권위를 세워 갑시다

우리 주변에 말만 앞서고 행동은 따르지 못하는 사람들이 있습니다. 그런 사람은 사회적 위치가 어떠하든 권위가 없습니다. 가정에서도 마찬가지입니다. 부모로서 자녀들에게 언행일치를 보여 주지 못하면 부모로서의 권위를 상실하게 됩니다.

사도 바울은 자신을 헐뜯고 인신공격하는 자들에게 이렇게 표명합니다.

이런 사람들은 우리가 떠나 있어 편지로 쓰는 우리의 말이나 함께 있을 때 행하는 우리의 행동이 아무런 차이가 없다는 것을 명심해야 합니다.

(11절, 쉬운성경)

바울은 자신이 글에서 말하는 것과 실제 삶에서 행동하는 것이 동일함을 말하고 있습니다.

사람의 권위는 달변에 있지 않습니다. 당시 유대주의자들은 웅변술과 수사법으로 사람들을 홀리며 권위주의적으로 살았습니다. 허세를 부렸습니다. 그들의 권위는 대단히 외형적인 것이었습니다. 그러나 그들과 달리 바울은 말과 행실에 아무런 괴리가 없었습니다. 글과 삶이 하나였습니다. 이러한 언행일치, 신행일치로 자신의 권위를 굳건하게 세워 갔습니다.

우리 시대의 훌륭한 스승인 손봉호 박사님의 강의나 강좌가 권위 있는 것은, 그분의 신행일치, 언행일치 때문입니다. 그분의 말과 삶이 동일하게 때문입니다. 권위는 웅변이나 달변에 있지 않고, 삶에 있습니다. 세상에서 가장 권위가 없고, 신용이 없는 사람은 자기가 말한 대로 하지 않고, 약속을 지키지 않는 자입니다.

사복음서를 보면, 예수님께서 사람들에게 감동을 주신 것은 신행일치 때문입니다. 그 당시 종교 지도자들은 말하는 것과 행동이 달랐습니다. 그러나 예수님은 말과 행동이 하나였기에 권세가 있었습니다.

우리가 언행일치, 신행일치로 사는 만큼 하나님께서 그 권위를 높여 주실 줄 믿습니다.

하나님께만 영광을 돌리므로 자신의 권위를 세워 갑시다

바울은 능력을 많이 가진 자였기에 마음만 먹으면 자신의 활동과 업적을 신나게 자랑할 수 있었습니다. 출신 배경, 학력, 성경과 신학적 지식, 성령의 능력사역, 수많은 교회 개척 등 누구보다도 자랑거리가 많은 사람이었습니다. 그럼에도 불구하고 그는 결코 자신을 자랑하지 않습니다. 자기 자신을 드러내지 않습니다.

자기 자랑과 허세가 많은 사람일수록 스스로 권위를 실추시킵니다. 자화자찬할수록 스스로 자신의 위치를 내려가게 합니다. 알버트 반즈(Albert Barnes)라는 신학자는 이렇게 이야기합니다. "자기 자랑(commend)을 일삼을수록 스스로 정죄를 받는다(condemned)." 그렇습니다. 자기 자랑을 많이 할수록 하수인생이 됩니다. 초라해지고, 권위가 없어집니다.

바울이 영적 권세의 위인이 된 것은, 오직 하나님께만 영광을 돌렸기 때문입니다(18절). 그는 항상 하나님의 은혜와 하나님의 역사를 말합니다. 오직 하나님께만 영광을 돌립니다. 그야말로 "Not I, but Christ"의 삶이었습니다. 나는 얼마나 하나님을 자랑하며 살고 있습니까? 얼마나 하나님께만 영광을 돌리며 살고 있습니까? 스스로 정직하게 돌아보시기 바랍니다.

17절 말씀처럼, 자랑하려는 사람은 오직 주님 안에서만 자랑해야 합니다. 즉, 예수님의 은혜와 사랑만 자랑하라는 것입니다.

누가 여행 다녀온 이야기를 하면, 주변에 꼭 이렇게 반응하는 사람이 있습니다. "이제야 가 봤어? 나는 거기 10년 전에 다녀왔어." 은근히 자기 자랑을 하며 상대를 머쓱하게 합니다. 자기 자랑이 많아질수록 권위가 낮아진다는 것을 기억하시기 바랍니다.

우리가 자기 자랑을 절제할수록 하나님께서 칭찬하시는 사람이 됩니다.

> 여러분이 스스로를 내세우는 것은 하나님의 일에 아무 의미가 없습니다. 하나님께서 여러분을 내세워 주시는 것이 중요합니다. (18절, 메시지성경)

우리가 바랄 것은 하나님이 우리를 내세워 주시는 것입니다. 우리 모두 주님께서 인정해 주시고, 칭찬해 주시며, 내세워 주시는 매력적인 권위의 사람이 되기를 축원합니다.

위로의 기도

창조주 하나님, 우리가 세상의 지식, 나이, 사회적 위치가 아니라 하나님의 자녀다운 모습으로 영적인 권위를 지키며 살아가게 하여 주옵소서.

정직한
토설과
자기 위로

고린도후서 11:1-11, 16

14

정직한 토설과 자기 위로

고린도후서 11:1-11, 16 | 현대어성경

¹ 내가 어리석은 사람 같은 말을 계속 하더라도 진심을 말하는 것이니 참고 들어주십시오. ² 하나님께서 여러분에게 마음을 쓰시듯 나 역시 여러분 생각으로 가득 차 있습니다. 여러분은 마치 순결한 처녀가 장차 자기 남편이 될 한 사람에게만 사랑을 바치듯이 오직 그리스도만을 사랑하십시오. ³ 나는 하와가 에덴동산에서 사단에게 유혹을 당한 것과 같이 여러분들도 혹시 우리 주께 바칠 그 순결하고 순수한 마음을 잃을까봐 마음 졸이고 있답니다. ⁴ 여러분은 왜 그렇게도 잘 속아 넘어갑니까? 어떤 사람이 여러분에게 우리가 전한 분과는 다른 예수를 설교하거나 또 여러분이 받은 성령과는 다른 영을 전하거나 여러분이 구원받은 것과는 다른 길을 가르치고 있는데도 쉽게 믿어 버리니 말입니다. ⁵ 그러나 나는 내 자신이 하나님께서 보낸 사자라고 스스로 내세우는 그 사람들보다 뒤질 게 없다고 자부합니다. ⁶ 비록 내가 말재주는 없지만 적어도 내가 알고 있고 말하고자 하는 게 무엇인지를 분명히 전달해 왔다는 것은 여러분도 여러 경험으로 이제는 다 인정하리라고 생각합니다. ⁷ 여러분에게 아무런 보수도 받지 않고, 하나님의 복음을 전파한 것이 잘못이란 말입니까? 그 때문에 오히려 나를 깎아 내리고 얕잡아 보는 것입니까? ⁸ 나는 여러분과 함께 있는 동안 다른 교회들의 도움을 받아 비용을 충당하였습니다. 말하자면 다른 교회의 것을 거저 빼앗아다가 대가도 받지 않고 여러분에게 봉사를 한 것입니다. ⁹ 먹을 것이 없어서 배가 고플 때도 있었지만, 여러분에게 어느 것 하나 요구하지 않았습니다. 마게도냐에서 온 교인들이 가져온 선물로 모든 것을 충당하였습니다. 지금까지 여러분에게 한 푼도 요구한 일이 없었던 것과 마찬가지로 앞으로도 그럴 작정입니다. ¹⁰ 이 점은 내 안에 있는 그리스도의 진실을 걸고 아가야 지방에 살고 있는 모든 사람에게 약속합니다. ¹¹ 여러분을 사랑하지 않기 때문에 내가 이러는 줄 아십니까? 아닙니다. 내가 여러분을 사랑하고 있다는 것은 하나님께서도 알고 계십니다. ¹⁶ 다시 한 번 여러분에게 부탁합니다. 이런 말을 하는 나를 어리석은 사람이라고 탓하지 마십시오. 그러나 설령 여러분이 그런 사람 취급을 해도 어쩔 수 없습니다. 이 어리석은 자의 말을 들어주십시오. 그 사람들처럼 나도 조금은 내 자랑을 하겠습니다.

20세기 심리학자 애브라함 매슬로우(A. Maslow)는 인간의 기본욕구를 분석합니다. 그에 따르면 사람의 기본욕구 중 하나가 인정의 욕구입니다. 사람은 누구나 자신의 존재 가치를 인정받고 싶어 하며, 자신의 활동과 성취를 인정받고 싶어 합니다.

사도 바울 같은 성자급에 해당하는 큰사람도 자신의 헌신과 선교 업적에 대해 인정받고 싶어 했습니다. 그는 고린도교회를 향하여 솔직하게 자신의 마음을 전합니다. 그도 사도이기 전에 한 사람이기 때문에 위로가 필요했던 것입니다. 그래서 그는 훌륭한 사도로서 유지해야 할 모습을 과감하게 내려놓고 자신을 자랑합니다.

어떻게 보면 이것이 건강의 비결이기도 합니다. 여성들은 자신의 속마음을 잘 터놓기 때문에 자가 치유를 받습니다. 반면, 남자들은 지나치게 체면을 유지하느라 솔직한 감정과 생각을 드러내지 않아 속병이 듭니다.

자기 토설을 잘하는 사람일수록 전인적으로 건강합니다. 자신의 심경을 잘 털어놓는 사람일수록 겉치레나 숨김이 없습니다. 이런 사람이 겉과 속이 다르지 않고 건강합니다.

바울은 자신이 어리석은 사람 같은 말을 하더라도 진심을 말하는 것이니 참고 들어 달라고 부탁합니다(1절). 영적으로 수준이 낮은 사람처럼 여겨지더라도 눈감아 달라고 당부합니다.

당시는 웅변술과 수사학의 전성시대였습니다. 그래서 달변가들이 많았고, 사람들은 그런 달변가에게 끌렸습니다. 그러다 보니 바울처럼 순수하고 진지하게 말하는 사람들은 별로 인기가 없었습니다. 옛날이나 지금이

나 사람들은 언변이 좋은 사람에게 매력을 느끼고 쉽게 넘어갑니다(4절). 이런 상황에서 바울은 자신이 달변가는 아니어도 그런 사람들에게 결코 밀리지 않는다고 말합니다.

나도 그들보다 못할 것이 없는 사람입니다. (5절, 메시지성경)

바울은 자신이 교회를 개척하고 복음을 전하기 위해 얼마나 고생을 많이 했는지 인정받고 싶었습니다. 그래서 잠시 자화자찬을 합니다.

바울은 고린도교회를 세워서 부흥시키기까지 철저하게 자비량 선교로 헌신하였습니다. 오히려 다른 교회들로부터 재정 후원을 받아 고린도교회를 뒷바라지했습니다. 가난하게 살면서도 무보수로 사역했습니다. 고린도교회에 짐이 되지 않으려고 희생을 자처한 것입니다. 오직 복음을 전하는 일에만 올인하였습니다(7-10절).

이 같은 자신의 노고를 인정해 달라는 것입니다. 목회자의 약점과 부족한 점을 캐내어 비난하려고만 하지 말고, 조금 어리석은 자로 받아 주어서 자랑이라도 한번 할 수 있게 해 달라고 간청하고 있습니다. 큰 소리로 자랑하고 싶다고 정직하게 이야기합니다(16절). 마치 어린아이처럼 자신이 한 일을 자랑하면서 자신을 어리석은 자로 여겨도 괜찮다고 말합니다. 저는 이런 바울의 사람다움에 매력을 느낍니다. 그도 사람의 인정을 받고 싶은 인간이구나 싶어서 말입니다.

실제로 바울이 선교 현장에서 얼마나 많은 고난을 받았습니까? 그는 말로 다 할 수 없는 어려움을 겪었습니다. 여러 번 감옥에 갇혔고, 수없이 매를 맞았습니다. 죽을 고비도 몇 번이나 넘겼습니다. 유대인들의 박해로 39번 맞는 태형을 5번이나 당했습니다. 때로는 몽둥이로 맞고, 때로는 돌멩이로 맞았습니다. 그뿐만 아니라 선교여행 중에 강도를 만나고, 풍랑도 만나고, 바다 위에서 배가 파선하여 표류하며 가까스로 목숨을 건진 일도 여러 번이었습니다. 거기다가 교회 개척 사역이 너무 힘들어 피곤에 지치고, 고통에 시달려 잠 못 이루는 밤을 수없이 보냈습니다. 때로는 먹을 것이 없어 주린 배를 움켜쥐고 잤으며, 몸에 걸칠 옷조차 없어서 추위와 싸우며 보냈습니다(23-27절).

사도 바울의 선교 헌신과 업적을 총 정리해 보면 다음과 같이 요약할 수 있습니다. 첫째, 그는 소위 스펙이 누구에게도 뒤지지 않은 자였습니다. 둘째, 그는 아무런 보수 없이 자비량으로 사역했습니다. 셋째, 그는 결코 자신의 권리를 주장하지 않았습니다. 넷째, 그는 누구보다도 많은 고생을 하며 선교와 교회 개척에 올인했습니다.

그는 자나 깨나 교회를 생각하며 살았습니다. 특히 교인들 중에 누가 상처를 입었다는 소식을 들으면 영적으로 격분하며 불타는 가슴으로 상처 입은 자를 염려하고, 그를 위로하기 원했습니다. 이 같은 자신의 교회 사랑을 인정해 달라고 지금 고린도교회를 향하여 애절하게 호소한 것입니다.

그는 21절에서 이렇게 허심탄회하게 말합니다.

나는 지금 부끄러움을 무릅쓰고 이 말을 합니다. … 만일 어떤 사람이 감히 자랑할 것이 있다면, 어리석은 말 같지만, 나 역시 자랑할 것이 있습니다.

(21절, 쉬운성경)

이처럼 사람은 누구나 자신의 존재 가치와 성취를 인정받고 싶어 합니다. 그리고 그것들은 마땅히 인정받아야 합니다.

우리 주변에는 공개적으로 인정받아야 할 사람들이 많습니다. 제가 섬기는 교회에도 바울처럼 주님을 위해 일편단심으로 헌신하는 분들이 많이 계십니다. 자신을 드러내지 않고, 묵묵히 헌신하기에 그 헌신이 잘 알려지지 않은 분들이 많습니다.

얼마 전에 동네 병원에 갔다가 집사님 부부를 만났습니다. 여름휴가를 다녀왔냐고 물었더니, 이런 가슴 뭉클한 대답이 돌아왔습니다. "교회학교 여름수련회에 휴가를 사용했습니다."

이것은 아주 작은 하나의 예일 뿐입니다. 이 같은 분들이 참으로 많습니다. 저는 이런 분들을 하나님 나라의 거룩한 비목이라고 명명합니다. 하나님 나라의 큰 별이 될 분들입니다.

저도 교회를 개척한 목사로서 제 자랑 한두 개를 해보겠습니다. 우리 교회는 목동아파트 13단지 A상가 지하 대피소에서 시작했습니다. 상가의 지하실은 공용 공간이기에 어느 개인에게 권리가 있지 않습니다. 저는 고작 지하 대피소에 교회를 시작했으면서, 상가 지붕 위에 철탑을 세우고 교회 간판을 걸고 십자가를 달았습니다. 상가 번영회를 통해 허락을 받은 것이었습니다.

그런데 하루는 13단지 관리소장이 와서는 교회 철탑과 십자가를 떼어 내라고 명령하는 게 아닙니까? 저는 목사로서 제 손으로 십자가를 철거할 수 없다고 말했습니다. 그러자 그가 관리소 직원들을 동원하여 십자가를 철거했습니다. 가슴이 찢어지는 것 같았습니다. 참 많이 울었습니다. 십자가를 떼어 낸 그는 교회를 폐쇄시키겠다고 호언장담했습니다. 그런데 신비하게도 2개월 후에 그는 비리 사건으로 쫓겨났고, 저는 얼른 철탑으로 올라가 십자가를 다시 달았습니다. 그때 그 감격은 잊을 수가 없습니다.

교회가 힘차게 부흥하여 2층 상가를 분양받아 예배당을 확장했습니다. 저는 교회는 늘 열려 있어서 누구나 언제든지 와서 기도할 수 있는 곳이어야 한다고 생각합니다. 그래서 그때도 교회를 열어 두었는데, 그만 교회에 큰 불이 났습니다. 교회에 들어온 청소년들이 강대상 뒤에 숨어 담배를 피웠는데, 그 불이 강대상 뒤 커튼과 방석에 옮겨 붙은 것입니다. 소방차가 대거 동원되었습니다. 소방대원들에겐 화재 진압이 중요하기에 교회 자산을 생각할 여유가 없었고, 쏘아대는 물대포로 교회 비품들은 손상되고 있었습니다. 저는 교회 사무실에 있는 재정장부를 비롯한 서류들이 걱정되었습니다. 그러나 소방대원들은 인명구조가 아니면 불길 속으로 들어가지 않는다고 했습니다. 그래서 제가 과감하게 불길 속으로 들어가 2층 사무실 유리창을 깨고 교회 재정장부를 꺼내 왔습니다. 유리창을 깼을 때 밖으로 뿜어져 나오는 불길이 얼마나 센지 사람이 밀릴 정도였습

위로, 위를 바라보게 하는 힘

니다. 모자를 쓰고, 물수건으로 코를 막았는데도 눈썹이 다 타 버렸습니다. 이후 한 달 이상 새까만 가래를 뱉으며 살았습니다.

지금 회상해 보면 교회를 뜨겁게 사랑한 그 열심이 매우 흐뭇합니다. 이런 것이 목회자의 행복한 자랑입니다.

사도 바울은 지금 자신의 이야기를 하고 있지만, 그가 이 이야기를 하는 것은 서로 인정해 주자고 말하기 위해서입니다. 저는 고린도후서 11장 메시지를 통해서 위로의 본질 두 가지를 적용하며 살아가자고 권면하고 싶습니다.

다른 사람들을 격려하듯이 자기 식구들을 위로하며 살아갑시다

인생의 모순 중 하나는 멀리 있는 사람은 잘 위로하고 격려하면서, 내 곁에 있는 내 가족은 잘 위로하지 않습니다. 목사인 저도 그렇습니다. 교회에 와서 성도님들을 만나면 '수고하십니다, 고생하십니다.' 잘 격려하면서도 정작 제 식구들에겐 그러지 않을 때가 많습니다. 교회 식당에서 밥을 먹고 나서는 주방에서 섬기시는 분들께 감사의 인사를 전하면서, 집에서 밥을 먹을 때는 고맙다는 말을 잘 하지 않습니다. 당연하다고 여기는 것입니다.

부모와 자녀도 서로 격려하고 위로해 주어야 합니다. 자녀를 위로해 주는 부모가 되기를 바랍니다. 부모가 자녀를 키우고 돌보는 것도 위로를 받아야 하지만, 자신의 살길을 모색하며 외롭게 고군분투하는 이 시대의 자녀들을 부모가 위로해 주고 토닥여 줄 필요가 있습니다.

저는 어려서 도무지 이해되지 않는 모순을 보며 자랐습니다. 저의 아버지는 둘째셨지만 부모님을 모시고 살았습니다. 아버지가 8남매라 저희 부모님이 고생을 많이 하셨습니다. 8남매를 둔 부모님을 모시고 살다 보니 방문하는 친척들이 많았기 때문입니다. 그런데 참 이상한 게, 일 년에 한두 번, 명절이나 할아버지 할머니 생신 때 선물을 사서 오는 도시에 사는 자식이 효자로 인정받고 칭찬을 받습니다. 365일 뒷바라지하는 가장 가까운 자식은 별로 인정을 받지 못하고 말입니다. 부모님을 모시고 사는 자식은 그 수고와 효성을 제대로 인정받지 못하는 것을 보며 안타까운 적이 많았습니다.

교회에도 이런 모순이 있습니다. 앞에서 드러나게 무언가를 하는 사람은 인기를 얻습니다. 그러나 뒤에서 조용히 땀 흘리는 사람은 드러나지 않기에, 때론 존재 자체도 알려지지 않습니다. 따라서 우리는 '거룩한 비목'들을 더욱 존중하고 위로해야 합니다.

목회자부터 자신의 교회 성도들을 귀하게 여기고, 그 수고와 헌신을 높이 평가하며, 격려해 주어야 합니다. 또한 목회자와 교우들이 서로서로 자랑해야 합니다. 성도들은 해외에서 선교하는 선교사님들을 격려하고 위로하듯이, 본 교회 목회자들을 격려하고 위로하면 좋겠습니다.

사도 바울은 오늘 메시지를 통해 이 점을 각인시킵니다. 멀리 있는 사람만 칭찬하며 격려하려 하지 말고, 바로 곁에서 수고하고 있는 이들을

위로, 위를 바라보게 하는 힘

더욱 인정하고 위로하자는 것입니다.

하나님은 우리에게 이런 고귀한 사명을 부여하십니다.

너희는 위로하라 내 백성을 위로하라 (사 40:1, 개역개정)

오직 하나님께 인정받는 것으로 위로받으며 살아갑시다

우리가 자세히 살펴본 것처럼 사도 바울은 자신도 평범한 인간이기에 사람의 인정이 필요하다고 솔직하게 이야기합니다. 그러면서도 그는 한 길 가는 순례자의 영성을 다시금 보여 줍니다.

그는 영성의 본질로 돌아와 하나님께만 인정받는 것이 참된 위로임을 천명합니다. 그의 관심은 언제나 교회에 있습니다. 자나 깨나 교회 걱정, 교회 사랑입니다(28절). 그는 더 이상 자기 자랑을 하지 않고 접어 버립니다. 그 대신 자신의 모자람과 약함을 고백합니다. 살기 위해 광주리를 타고 성벽을 탈출했었던 자신의 나약함과 초라함을 솔직하게 드러냅니다(30, 33절). 앞부분에서는 자기 자랑을 했지만 뒷부분에 와서는 자신의 나약함을 이야기합니다. 즉, 자신의 진정한 자랑은 약함, 바보 같음, 모자람, 초라함뿐이라고 결론내립니다.

이것이 하나님의 진정한 위로를 경험한 이의 사람다움입니다. 하나님을 힘입어 사는 자는 살아가는 방식이 다릅니다. 영성의 수준이 다릅니다. 하나님의 위로는 세상의 것과 차원이 다르기 때문입니다. 세상의 위로는 가볍습니다. 유효기간이 짧습니다. 그 효력이 그리 오래가지 못합니다. 한시적입니다. 하지만 하나님의 위로는 깊습니다. 우리의 상처와 아픔을 치유해 줍니다. 고난을 견디는 힘이 됩니다. 눈앞의 현실이 아닌 하늘의 영광을 바라보며 살게 해 줍니다. 우리가 이미 1장 3절에서 확인한 대로, 하나님은 자비로운 위로의 아버지(Compassion & comforter)이십니다.

미국의 훌륭한 강해설교자 워런 위어스비(W. Wiersbie)는 그의 책 『Be Encouraged』에서 이런 감동적인 실화를 들려줍니다. 미국에서 있었던 일입니다.

아프리카에서 오랫동안 선교한 부부가 배를 타고 고국으로 돌아오는 길이었습니다. 마침 그날 루스벨트(Teddy Roosevelt) 대통령 부부도 같은 배를 타고 있었습니다. 대통령 부부는 아프리카에서 사냥을 하며 휴가를 보내고 돌아오는 길이었습니다.

항구에는 붉은 양탄자가 깔렸고, 경호하는 이들과 수많은 기자들이 대통령 부부를 기다리고 있었습니다. 그런데 수십 년을 아프리카에서 보낸 선교사의 귀국을 환영하는 사람은 아무도 없었습니다. 일생을 아프리카 선교에 헌신했는데도, 알아주는 자가 없었습니다.

그날 저녁, 남편이 아내에게 씁쓸하게 말합니다.

"참 불공평해. 대통령 부부는 사냥을 하고 돌아오는데도 환영을 받고, 우리는 수십 년 동안 선교를 하고 돌아왔는데 아무도 반겨 주지 않잖아."

그러자 그의 아내가 역사에 남을 만한 말로 남편을 위로합니다.

"여보, 우리는 아직 본향에 온 게 아니야"(Honey, we aren't home yet).

그렇습니다. 우리의 인생은 아직 끝나지 않았습니다.

우리는 이 땅에서 발을 딛고 있지만, 하나님의 위로와 하늘의 영광을 바라보며 사는 자들입니다. 따라서 우리는 이 세상에서 한길 가는 순례자로 살아가야 합니다. 열심을 다해 하나님을 섬겨도 인정받지 못하고, 오히려 비난을 듣거나 오해를 살 수 있습니다. 그러나 우리에게는 위로하시는 하나님이 계십니다. 하나님은 오늘도 지쳐 있는 우리에게 위로의 영으로 찾아오십니다. 하나님은 "어머니가 자식을 위로함같이 내가 너희를 위로할 것이라"(As a mother comforts her child, so I'll comfort you)고 약속하십니다(사 66:13).

주님은 상한 마음을 위로해 주십니다. 멍든 가슴에 손을 대 주십니다. 힘을 잃고 탈진 상태에 있는 우리의 내면을 어루만져 주십니다. 하나님은 사랑의 위로자이십니다. 오늘도 그 위로를 힘입어 의연하게 살아가시기를 축원합니다.

위로의 기도

위로의 하나님, 세상의 인정이나 사람들의 칭찬이 아니라 하나님께서 우리를 기억하고 사랑해 주시는 것에서 참된 위로를 느끼며 살아가게 하여 주옵소서.

15
가시
덕분에

고린도후서 12:1-10

15

가시 덕분에

고린도후서 12:1-10 | 현대어성경

¹ 이처럼 자랑을 늘어놓는 것은 모두 어리석은 짓이지만 조금 더 자랑을 하겠습니다. 주께서 보여주신 환상과 계시에 대해서입니다. ²⁻³ 14년 전에 나는 하늘로 들려 올라 간 일이 있습니다. 내가 몸까지 올라갔는지, 아니면 내 영만 올라갔는지는 묻지 마십 시오. 그것을 대답할 수 있는 분은 하나님뿐이십니다. ⁴ 어쨌든 나는 낙원으로 올라갔 고 거기서 인간의 능력으로나 말로는 도저히 그려 낼 수 없는 놀라운 사실을 들었습 니다. 그러나 그 내용 또한 아무에게도 말할 수 없도록 금지되어 있습니다. ⁵ 그 일이 야말로 내게는 크나큰 자랑거리입니다. 하지만 내놓고 떠벌리고 다닐 마음은 없습니 다. 내가 자랑하고 싶은 것은 다만 내가 나약한 인간이라는 것과 이런 나를 당신의 영 광을 위해서 불러 주시는 하나님 이야말로 얼마나 위대한 분인가 하는 것입니다. ⁶ 내 가 비록 이러저런 자랑을 한다 해도 그것이 모두 사실이니 어리석은 자가 되지는 않 을 것입니다. 그러나 사람들이 나를 내 생활과 설교에서 실제로 보고 들은 것 이상으 로 과장할까 싶어 그만두겠습니다. ⁷ 다만 이 말을 덧붙여 두고 싶습니다. 하나님께서 는 내가 그 놀라운 경험 때문에 교만해질까봐 내 몸에 가시로 찌르는 것 같은 병을 주 셨다는 사실입니다. 그 병은 사단의 사자가 되어 내가 교만해지지 않도록 나를 괴롭 히고 고통을 주었습니다. ⁸ 나는 그 병에서 회복되기를 세 번이나 간절히 하나님께 빌 었습니다. ⁹ 그때마다 하나님께서는 이렇게 말씀하셨습니다. "안 된다. 그러나 내가 너 와 함께 있으마. 네게 내리는 은총은 그것으로 충분하다. 내 능력은 약한 사람에게 가 장 잘 나타난다." 이제 나는 내 약한 것을 기쁘게 자랑합니다. 나의 힘이나 능력을 나 타내 보이기보다는 그리스도의 능력을 생활로 증거하는 것을 기쁘게 여기고 있습니 다. ¹⁰ 나는 모든 것이 그리스도를 위한 것임을 알기에 그 가시도 모욕도 고통도 박해 도 어려움도 온전히 기쁘게 받아들입니다. 내가 약할 때 나는 강하기 때문입니다. 무 력해질수록 나는 그만큼 더 그리스도를 의지하기 때문입니다.

프랑스 소설가 생텍쥐페리(Antoine de Saint-Exupéry)의 대표작 『어린왕자』에는 이런 이야기가 나옵니다. 갑작스런 엔진 고장으로 사하라 사막에 불시착한 조종사는 엔진 수리에 여념이 없습니다. 그때 아주 작은 별나라에서 어린 양을 구하러 내려온 어린 왕자가 조종사에게 묻습니다.

"어린 양들이 가시가 돋친 꽃들도 먹을까요? 그리고 그처럼 아름다운 꽃을 피우는 나무에 가시는 왜 생겼을까요? 가시는 왜 필요할까요? 가시는 어디에 쓸모가 있는 것일까요?"

비행기 수리에 바쁜 조종사는 건성으로 대답합니다.

"그냥 생긴 것일 거야. 가시는 아무데도 쓸모가 없는 거야."

고개를 갸우뚱하던 어린 왕자는 잠시 후 스스로 놀라운 답을 얻습니다. 그는 가시의 필요성을 이렇게 해석합니다.

"아니에요. 꽃은 약하고 연하기 때문에 자신을 보호하려고 가시가 돋아난 거예요."

그렇습니다. 꽃이 안전한 것은 가시 덕분입니다. 향기로운 꽃일수록 가시로 자기를 둘러 보호합니다. 가시 덕분에 쉽게 꺾지 못하도록 하는 것입니다.

가시가 있는 식물일수록 좋은 특성을 가지고 있는 경우가 많습니다. 장미꽃은 가시 속에서 아름다운 색상과 향기를 갖습니다. 가시로 뒤덮인 선인장은 여러 분야에 약용으로 쓰입니다. 가시오갈피는 여러 질병에 효능을 지닌 천연 약물로 통합니다. 그 외에도 구기자나무, 가시복분자는 강장제로 쓰입니다.

특히 '열대과일의 왕'이라고 불리는 두리안은 말레이어로 '가시'(duri)라는 뜻입니다. 신들이 먹는 과일이었는데, 그 맛이 매우 좋아 인간이 몰래 훔쳐 먹는 것을 방지하기 위해 겉에 큰 가시를 입혔다는 이야기가 있습니다.

그런데 이 가시 때문에 우리는 가장 맛이 좋을 때 두리안을 먹게 됩니다. 가시 때문에 쉽게 따기가 어려워 열매가 충분히 익어 저절로 떨어질 때까지 기다려야 하기 때문입니다. 그야말로 가시 덕분에 겉은 단단하고 속은 부드러운 '외강내유'를 이루는 것입니다.

이처럼 가시는 우리를 아프게도 하지만, 우리를 더욱 안전하고 유익하게 해 주기도 합니다. 그래서 성경은 '가시 때문에'가 아닌 '가시 덕분에'라는 긍정의 메시지를 전합니다. 인생의 가시 덕분에 우리가 잘못되지 않을 수 있음을 일깨워 줍니다.

서양에서는 외과 의사들이 아이들을 수술하기 전에 이런 말로 아이를 달랜다고 합니다.

"내가 너를 아프게 할지는 몰라도, 너에게 손해를 입히지는 않을 거야."

마찬가지입니다. 우리의 시련이 우리를 고통스럽게 할 수는 있어도, 하나님께서는 결코 우리에게 손해를 입히시는 분이 아님을 믿으시기 바랍니다.

그러므로 우리는 오늘의 힘든 현실을 '때문에'라며 부정적으로 해석할 것이 아니라, 오히려 '덕분에'라고 말하는 '긍정의 철학'으로 살아야 합니다. 부정적인 사람일수록 '때문에'라고 핑계를 일삼습니다. 반면에 긍정적인 사람일수록 삶의 고난을 '덕분에'로 바라보는 역설적 신앙으로 자신의 운명을 바꿉니다. 무엇 때문에 손해를 봤다고 여기면 인생은 점점 어두워집니다. 그러나 그 일 덕분에 귀한 교훈을 얻었다고 생각하면 인생에 유익이 됩니다.

그리스도인의 고난은 대부분 인과응보의 고난이 아닌, 섭리적 고난입니다. 이런 영어 문장이 있습니다. "God's purpose behind your pain." 당신의 고통 뒤에는 하나님의 복된 섭리가 있다는 의미입니다. 하나님의 큰 그림 속에서 내 인생을, 우리 가정을 작품으로 만들어 가시는 하나님의 복된 섭리가 있다는 것입니다. 지금 당장은 도저히 이해가 되지 않고, 받아들이기가 어려운 인생의 문제도, 나를 향한 하나님의 목적이 있다는 믿음으로 인내하며 나아가는 사람을 하나님은 결코 실망시키지 않으십니다.

우리가 살아가는 현실세계에서 하나님은 인간에게 모든 것을 완벽하게 다 주시지 않습니다. 100% 완벽하게 갖춰진 가정이나 인생은 없습니다. 누구나 다 몇 가지 사연을 안고 살아갑니다. 모자람과 연약함이 있어야 그로 인해 인격이 다듬어지고, 신앙이 고결해지는 것입니다.

바로 이것이 사도 바울의 진솔한 간증입니다. 그는 외형적으로는 완전 무결한 스펙을 가진 자였습니다. 그러나 그런 그에게도 치명적인 가시가 있었습니다. 그런데 바울은 약함의 미학을 역설적으로 노래합니다. 오늘 본문은 약함의 찬가입니다.

받은 계시들이 엄청나고 또 내가 우쭐거려서는 안 되겠기에, 주님께서는 나에게 장애를 선물로 주셔서, 늘 나의 한계들을 절감하도록 하셨습니다. … 그래서 내가 교만하게 다닐 위험이 없게 한 것입니다. … 주님은 세 번이나 이렇게 말씀하셨습니다. "내 은혜가 네게 족하다. 네게 필요한 것은 그것이 전부다. 내 능력은 네 약함 속에서 진가를 드러낸다." … 그리하며 나는 약하면 약할수록 점점 더 강하게 됩니다. (7-10절, 메시지성경)

그렇다면 인생의 가시는 어떤 의미에서 우리에게 은혜와 축복이 될 수 있을까요? 우리를 찌르고 아프게 하는 가시 덕분에 우리는 과연 어떤 유익을 얻게 될까요?

가시 덕분에 겸손해지는 은혜입니다

우리는 2% 부족한 것 덕분에 교만하지 않게 됩니다. 그 모자람 덕분에 겸허한 태도를 갖게 됩니다. 이것이 사도 바울의 고백입니다.

고린도후서 12장은 매우 대칭적인 구조로 전개됩니다. 1절부터 6절까지는 사도 바울을 높이시는 하나님의 은혜를 강조합니다. 하나님은 바울에게 천국의 신비함을 보는 최고의 영광을 체험시켜 주십니다. 어느 사도도 경험해 보지 못한 것입니다. 이 땅에 사는 사람이 하늘의 찬란한 영광의 세계를 보았으니 자랑할 만하지 않습니까? 그런데 7절부터는 사도 바울을 낮추시는 역설적인 은혜를 강조합니다.

바울은 세계 역사의 판도를 바꾸어 놓은 탁월한 선교사였습니다. 개인적 차원에서도 엄청난 영적 세계를 체험하였습니다. 그래서 하나님은 그가 그러한 일들로 인해 우쭐대거나 교만해지지 않게 하시려고 고난의 가시를 주신 것입니다.

저는 하나님께서 우리에게 주시는 이 '고난'이라는 수단의 은혜를 이렇게 해석합니다. 첫째, 교만을 꺾으려고 고난을 주십니다. 둘째, 교만을 막으려고 고난을 주십니다. 우리가 자신도 모르는 사이에 자만해질 수 있어서 하나님은 시련과 고난이라는 매체로 교만을 꺾으시든지, 아예 막아 주십니다.

이런 맥락에서 바울은 "은혜"라는 말을 힘주어 강조합니다. 사실 아픈 게 어떻게 은혜입니까? 응답되지 않은 기도가 뭐가 은혜입니까? 경제적으로 풀리지 않는 게 무슨 은혜입니까? 세상은 이것을 불행이라고 이야기합니다. 그러나 하나님을 믿는 우리에게는 오히려 은혜가 됩니다. 이것들로 인해 우리가 교만하지 않고 겸손하게 되기 때문입니다.

사람들은 모이면 다들 자랑을 합니다. 남편 자랑, 자녀 자랑, 회사 자랑 등 여러 가지를 자랑합니다. 그런데 자랑을 하고 싶어도 마음에 걸리는 게 있는 사람이 있습니다. 남편 때문에, 자녀 때문에, 혹은 나 자신의 약점 때문에 자랑하지 않게 된다면, 그것이 곧 은혜입니다. 이것이 바로 바울의 간증입니다(7절).

영국 옥스퍼드대학에서 한 학생이 C.S. 루이스에게 이런 질문을 했습니다.

위로, 위를 바라보게 하는 힘

"선생님, 정말 하나님이 사랑의 신이라면 인간에게 대답할 수 없는 고통이 발생할 수 있을까요? 사랑의 하나님께서 왜 풀리지 않는 고통을 허락하시는 걸까요?"

C.S. 루이스는 크리스천 지성인답게 놀라운 대답을 합니다.

"인간이란 참 교만한 존재야. 만일 고통이라는 문제가 없다면, 인간은 얼마나 더 교만해졌을까?"

이 대답의 초점으로 그가 쓰게 된 책이 그의 역작 『고통의 문제』입니다.

기억하시기 바랍니다. 우리는 고난이라는 가시 덕분에 교만하지 않고, 겸손해집니다. 그리고 이것이 곧 우리에게 은혜입니다.

가시 덕분에 기도하는 은혜입니다

사도 바울은 인생의 가시 때문에 세 번씩이나 작정하고 기도를 드립니다. 하나님께 필사적으로 매달립니다. 인생의 가시를 거두어 달라는 것이었습니다.

그는 성령의 권능으로 충만한 사람이었습니다. 수많은 병자들을 안수하여 고쳐 주었습니다. 그가 손을 대기만 하면 불치병도 고침 받는 기적이 비일비재했습니다. 그런데 정작 자신은 질병으로 시달렸습니다. 참기 어려운 고통에 시달렸습니다.

그러나 곰곰이 생각해 보면, 그 가시 덕분에 그는 하나님 앞에 더욱 엎드려 기도하는 인생을 살았습니다. 그는 육체의 고통이라는 가시 덕분에 교만해지지 않았을 뿐만 아니라, 오히려 겸손히 하나님만 더욱 의지하며 살았습니다. 그래서 그는 인생의 가시를 '하나님의 주권적 은혜'라고 예찬합니다. 하나님께서 큰 계획과 목적을 가지고 허락하신 가시이기에, 하나님은 이를 "내(하나님) 은혜"라고 천명하십니다(9절). 우리의 유익을 위해서 하나님께서 주시는 것이니, 그것이 고통스럽고 인생의 숙제로 남는다 하더라도 '은혜'라는 것입니다.

아름다운 영성으로 인생에 절묘한 선율이 흐르는 사람들을 살펴보면, 아무런 고난 없이 살아온 사람은 없습니다. 대개 조용히 무릎 꿇고 엎드려 기도해 온 사람입니다. 그 기도가 그를 아름다운 영성의 사람으로 성장시킨 것입니다. 따라서 당신의 약함 덕분에 당신이 기도하게 된다면 그것은 은혜입니다.

우리는 때때로 인생의 불가항력적인 가시 덕분에 두 손 들고 하나님만 의지하는 경우가 있습니다. 찬송가 가사처럼, "천부여 의지 없어서 손들고 옵니다" 하는 순진한 신앙으로 하나님만 의지하게 됩니다. 하나님은 이것을 원하십니다.

우리가 인생의 가시로 인해 하나님만을 의지하게 된다면, 그 가시가 아무리 고통스럽더라도 그것은 불행이 아니라 하나님의 은혜임을 믿으시기 바랍니다.

주님 앞에 나와 엎드려 기도하게 만드는 일이 있습니까? 남몰래 눈물을 흘리고 있습니까? 그저 하나님의 처분만 기다리고 계십니까? 남들에게 없는 인생의 가시 덕분에 더욱 하나님께 엎드려 기도하게 된다면, 그

위로, 위를 바라보게 하는 힘

가시는 분명히 변장된 축복입니다. 그 가시 덕분에 하나님만 더욱 의지하게 된다면, 그 가시는 분명히 하나님의 은혜입니다. 이 믿음의 여유를 가지시기 바랍니다. 조급하지 마십시오. 어느 사람은 조금 앞서갈 수 있고, 또 누군가는 조금 더디 갈 수 있습니다. 그러나 분명한 것은, 하나님은 그분의 때에 위대한 반전의 역사를 일으키신다는 사실입니다.

가시 덕분에 하나님의 능력을 체험하는 은혜입니다

인생의 가시 때문에 고통을 당하고 힘든 삶을 살기도 하지만, 또 가시로 인해 하나님의 능력을 힘입어 살게 된다면 이것은 은혜입니다. 이것이 사도 바울의 간증입니다.

그는 자신의 약함, 곧 인생의 가시 덕분에 하나님의 큰 능력을 체험하며 살았습니다. 남들보다 더 엎드려 기도한 그에게 하나님이 더 많은 능력을 주신 것입니다. 바울은 고린도후서 4장 7절에서 자신의 입장을 이렇게 표명합니다.

> 질그릇 같은 우리 속에 이 보화를 가진 것은 그 엄청난 능력이 하나님에게서
> 나온 것이지 우리에게서 나온 것이 아니라는 것을 보여 주기 위한 것입니다.
> (4:7, 현대인의성경)

이처럼 내가 약할수록 하나님의 능력이 역력하게 드러납니다. 약할수

록 하나님의 은혜가 크게 역사합니다. 하나님은 우리의 약함을 강함으로, 악재를 호재로 사용하십니다.

중국에서 사역한 선교사 허드슨 테일러(H. Taylor)는 "하나님의 모든 거인들은 약한 사람들이었다."라고 말합니다. 그렇습니다. 하나님은 비범하고 탁월한 영웅호걸을 사용하시는 대신에, 평범하고 초라한 약자들을 택하셔서 크고 위대하게 쓰십니다. 하나님은 약한 이들을 사용하기를 좋아하십니다.

그래서 바울은 본문 9절에서 약함의 축복을 이렇게 예찬합니다.

그러므로 나는 나의 약한 것을 더욱 기쁜 마음으로 자랑하여 그리스도의 능력이 나에게 머물러 있도록 하겠습니다. (9절, 현대인의 성경)

여기에 우리가 주목해야 할 표현이 나타납니다. 바로 "그리스도의 능력이 나에게 머문다"입니다. 이는 구약 시대의 표현으로, '하나님께서 임재하신다'는 의미입니다. 구약 시대에 하나님께 예배를 드릴 때 사용하는 '쉐키나'라는 말이 있습니다. 하나님이 이스라엘 백성 가운데 내려오셔서 머무신다는 뜻으로, 곧 하나님의 정착을 말합니다. 이는 때로 군사 용어로도 쓰이는데, 기지를 만들고 군대가 주둔하는 것을 의미합니다.

내가 약할수록 하나님의 시선이 내 위에 머뭅니다. 하나님의 능력이 내 안에 주둔합니다. 내가 연약하기에 예수 그리스도의 능력이 내게 계속 머물러 주는 놀라운 은혜입니다.

위로, 위를 바라보게 하는 힘

이것이 사도 바울의 역설적 간증의 클라이맥스입니다. 그는 승리를 선언합니다.

나는 약하면 약할수록, 점점 더 강하게 됩니다.
(And so the weaker I get, the stronger I become.)
(10절, 메시지성경)

그렇습니다. 내가 약한 만큼 하나님의 능력이 내게 머뭅니다. 그래서 나는 더 강하게 되는 것입니다.

우리에게도 여러 종류의 가시가 있을 것입니다. 질병의 가시, 자녀 문제의 가시, 인간관계로 인한 상처의 가시, 경제적 어려움의 가시, 구원받지 못한 가족으로 인한 영적 가시 등 다양합니다. 당신은 어떤 가시로 신음하고 있습니까? 어떤 종류의 가시가 당신을 힘들게 합니까? 인생의 어두운 밤을 맞아 남들이 모르는 고통 중에 있습니까?

고린도후서 12장의 일관된 주제는 위로, 하나님의 위로입니다. 바울은 우리가 겪는 고난의 본연에 대해 말하며 우리에게 신학적 위로를 줍니다. 하나님의 큰 그림, 복된 섭리를 생각하며 위로받으며 살라는 메시지입니다.

우리는 인생의 가시 덕분에 교만하지 않고 겸손해질 수 있습니다. 불가항력적 가시 덕분에 두 손 들고 하나님만 의지하며 살아가게 됩니다. 나를 아프고 힘들게 하는 그 가시가 하나님의 능력을 힘입어 살게 해 줍니다. 가시가 가져다주는 겸손의 은혜, 기도의 은혜, 능력의 은혜입니다.

라틴어 속담에 이런 문장이 있습니다.

"운명을 사랑하라."(Amor fati).

운명론을 이야기하는 것이 아닙니다. 하나님의 큰 그림대로 내 인생이 진행되고 있음을 이야기하는 것입니다.

오늘의 결론은 이 한 문장입니다.

"나는 약하면 약할수록, 점점 더 강하게 됩니다."

이것이 예수님의 십자가와 부활 은총입니다. 십자가라는 고난을 통해서 부활이라는 놀라운 능력의 사건, 승리의 사건이 완성되었습니다. 이 놀라운 은혜가 오늘 우리에게도 임하기를 소망합니다.

위로의 기도

약할 때 강함 되시는 하나님, 연약함 때문에 기도하고 더 겸손해지는 것을 은혜로 여기며, 우리 인생에 가시를 주신 하나님께 늘 감사하며 살아가게 하여 주옵소서.

위로, 위를 바라보게 하는 힘

Encourage to look up

16
실격자가 아닌 합격자로 살기

고린도후서 13:5-7

16

실격자가 아닌 합격자로 살기

고린도후서 13:5-7 | 새번역

5 여러분은 자기가 믿음 안에 있는지를 스스로 시험해 보고, 스스로 검증해 보십시오.
여러분은 예수 그리스도께서 여러분 안에 계시다는 것을 알지 못합니까? 모른다면, 여
러분은 실격자입니다. 6 그러나 나는 우리가 실격자가 아니라는 것을 여러분이 알게
되기를 바랍니다. 7 우리는 여러분이 악을 저지르지 않게 되기를 하나님께 기도합니다.
그것은 우리가 합격자임을 드러내려는 것이 아니라, 우리는 실격자인 것처럼 보일지
라도, 여러분만은 옳은 일을 하게 하려고 하는 것입니다.

예전에는 자동차 면허시험 현장에서 실격과 합격이 결정됐습니다. 제
아내가 면허시험을 치르던 날은 아이들까지 총동원하여 현장에서 응원을
했습니다. 집사람이 차에 올라타는 순간부터 우리는 그 옆을 따라 다니며
한마디씩 거들기도 하고 응원의 말을 건네기도 했습니다. "시동 켜고, 기
어 넣고. 출발. 스톱!"

저는 면허를 조금 쉽게 땄습니다. 강남 지역 탄천 면허시험장에 구경
을 갔다가, 바로 다음 날 필기시험이 있다는 것을 알고 하루 공부해서 합

격을 했습니다. 그런데 필기시험 후 실기시험이 있다는 것을 몰랐습니다. 학원을 다닌 적도 없고, 또 여유도 없어서 학원 밖에서 약간의 돈을 받고 가르쳐 주시는 분께 세 시간 정도 코치를 받은 후 코스를 합격했습니다. 이제 주행시험만 통과하면 되는데, 차를 타고 출발한 지 얼마 되지 않았는데 시험관이 그냥 내리라고 하는 게 아닙니까. 아직 중간 지점도 가지 않았는데 내리라고 하니, 저는 깜짝 놀랐습니다.

"아니, 아직 절반도 타지 않았는데, 지금 내리면 실격이잖아요?"

그러자 그 감독관이 아주 감동적인 대답을 해 주었습니다.

"선생님은 차를 타고 시동을 거는 순간부터 매너가 좋아서, 더 이상 테스트할 필요가 없습니다. 합격이에요."

저는 지금도 그날 그 순간의 감격을 간직하고 있습니다. 면허시험 별것 아니지만 "합격"이라는 말을 들을 때 얼마나 기분이 좋았는지 모릅니다.

사도 바울은 고린도교회 교우들에게 신앙생활에서 결코 실격자가 되지 말고, 합격자가 되라고 격려합니다. 그는 이렇게 이야기합니다.

여러분 자신을 주기적으로 점검하십시오. (5절, 메시지성경)

우리는 내가 과연 믿음 안에 있는지 스스로 점검하며 살아야 합니다. 자기점검이 없는 신앙생활을 하면 어느 순간 실격 통지를 받게 됩니다. 비참한 운명이 되는 것입니다.

요즘은 모든 분야에서 검증 시스템이 첨단화가 되어 자칫하면 실격 판정을 받을 수 있습니다. 운동 경기에서도 비디오 판독을 통해 실격 판정을 받는 경우를 종종 봅니다. 학자들의 논문이나 목회자들의 설교도 표절 시비에 걸려 실격 처리가 되는 경우도 있습니다.

이러한 실격 처리는 신앙생활에서도 있을 수 있습니다. 그래서 사도 바울은 서로가 명예로운 합격자가 되도록 서로 격려하고 위로하며 살아가자고 부탁합니다.

> 성도 여러분, 마지막으로 인사를 드립니다. 기뻐하십시오. 온전하게 되십시오. 서로 위로하십시오. … 그러면 사랑과 평강의 하나님께서 여러분과 함께 하실 것입니다. (11절, 쉬운성경)

이처럼 바울은 고린도후서라는 메시지를 위로로 시작하고, 위로로 마무리합니다.

고린도후서를 읽으면 그가 얼마나 고린도교회 성도들을 사랑하는지 알 수 있습니다. 그는 목회자인 자신은 실격자가 되더라도, 교인들은 합격자로 살아가기를 소망합니다(7절). 참 훌륭한 목회자 아닙니까?

그렇다면 우리가 어떻게 살아야 신앙생활에서 실격자가 아닌 합격자가 될 수 있을까요?

예수 그리스도의 능력으로 살아야 합니다

바울은 고린도교회 성도들에게 보내는 편지를 마무리하면서 "능력"이라는 단어를 세 번이나 반복하여 강조합니다. 우리말로 '능력'으로 번역된이 단어는 '권위'라는 뜻도 가지고 있습니다. 바울이 예수님의 권위와 능력을 강조하는 것의 이면은 이렇습니다. 우리가 이미 살펴본 대로, 바울은 교회 지도자로서 고린도교회 안에 문제를 일으킨 사람들에 대해 거룩한 분노가 일고 있었습니다. 그래서 직접 찾아가서 책망하고 징계하려고했습니다. 아주 호되게 혼내 주려고 마음먹었습니다.

그런데 도무지 직접 방문할 기회가 주어지지 않아서 편지를 쓰고 있습니다(1절). 바울은 그들에게 엄중한 경고의 메시지를 보내며, 자신이 가자마자 문제를 일으킨 이들을 단호하게 처벌할 것이라고 일러두었습니다(2절).

제가 목회 현장에서 만나는 여러 가슴 아픈 일들 중 하나는 교회의 리더들로 인해 상처 받은 이들이 교회를 떠나는 것입니다. 봉사도 하고 사람들과 교제도 하며 교회에 잘 적응해 보려고 했는데, 그 과정에서 리더에게 상처를 받고 시험에 들어 교회를 떠나는 사람들이 있습니다. 목사는이런 일들에 가슴이 찢어집니다. 한 사람이 교회에 나오기까지 얼마나 많은 이들의 기도와 헌신이 있습니까? 많은 이들의 헌신과 사랑으로 교회에 오게 된 사람이 교회의 리더 때문에 상처를 받아 교회를 떠났다는 말을 들으면, 제 마음이 무너집니다.

위로, 위를 바라보게 하는 힘

나로 인해 교회를 떠난 사람이 있습니까? 문제의 원인과 잘잘못을 따지지 말고, 먼저 깊이 반성해야 합니다. 저도 부족한 목사로서 저 때문에 교회를 떠나는 교인이 있다는 이야기를 전해들을 때가 있습니다. 그럴 때면 너무나 부끄럽고 죄송해서 목회를 그만두어야 하나 진지하게 고민합니다. 가슴이 아픕니다.

본문을 보면 사도 바울은 교회를 뜨겁게 사랑하는 목회자로서 교인들을 시험 들게 하는 사람들을 엄중하게 책벌할 계획이었습니다. 그런데 바울이 갑자기 마음을 바꿉니다. 모든 문제를 예수 그리스도의 능력으로 풀어 가겠다고 선언합니다. 사람의 권위가 아닌, 예수 그리스도의 능력으로 다스리겠다고 이야기합니다(3-4절).

우리는 여기서 매우 중요한 원리를 깨달을 수 있습니다. 예수님은 오늘도 살아계셔서 크고 강한 능력으로 교회를 통치하십니다. 교회의 권세는 주님께 있습니다. 주님이 직접 다스리십니다. 때로는 질이 좋지 않은 사람들이 교회 안에서 설치고 교회의 일을 좌지우지하면서 주도권을 장악합니다. 그런데 살아계신 예수님은 결정적인 순간에 그분의 권세와 능력으로 그들을 다스리고 평정하십니다. 능력의 예수님께서 직접 개입하여 통치하십니다. 우리가 교회생활에서 신비롭게 경험하는 현상입니다.

물론 지상의 교회는 주님께서 제도화시켜 주신 질서유지권이 있습니다. 그래서 치리도 합니다. 그러나 인간이 교회와 성도를 좌지우지해선 안 됩니다. 예수님의 주권에 맡겨야 합니다. 문자 그대로 'Let go, Let God'입니다. 주님께서 그분의 뜻을 따라 일하시도록 맡겨 드려야 합니다. 주님이 그분의 능력으로 이끄시도록 주도권을 주님께 드려야 합니다. 교회는 인간이 앞장서기 시작하면 혼란이 생기고 분열이 일어납니다.

주님은 당신이 피 흘려 사신 교회를 사수하시려고 하늘의 능력으로 다스리십니다. 교회를 향해 적대 행위를 하는 자들을 예수님은 가차 없이 치십니다. 주님이 기뻐하지 않으시는 일들을 도모하는 자들은 결코 오래가지 못합니다. 결정적인 순간에 낭패하고 맙니다. 이는 고린도전서 10장에서 전하는 메시지입니다. 그래서 바울은 목회자로서 차라리 본인이 실격자가 되더라도 교인들은 합격자가 되기를 소원합니다.

인간의 목소리나 뜻이 아닌 예수 그리스도의 능력이 크게 나타나는 교회가 참된 교회입니다. 우리는 교회를 위해 기도할 때, 예수 그리스도의 능력이 크게 나타나는 교회가 되도록 기도해야 합니다. 오늘도 예수님은 크고 강한 영적 권세로 교회를 돌보아 주십니다.

예수 그리스도만 나타내며 살아야 합니다

사람은 누구나 자신이 드러나는 것을 원합니다. 자신이 많이 알려지기를 원하고, 사람들에게 인기를 얻고 싶어 합니다. 그래서 바울은 이렇게 자기진단을 해보라고 충고합니다.

여러분 자신을 잘 살펴보십시오. 여러분이 참다운 그리스도인입니까? 그리스도인 되는 시험에 합격하였습니까? 사실은 그렇지 않으면서도 그리스도인 된

흉내만 내고 있는 것은 아닙니까? (5절, 현대어성경)

교회에서 자신의 이익만 추구하고, 자기 자랑을 일삼으며, 자신을 과시하는 사람은 하나님께 불합격 판정을 받는다는 경고입니다. 즉, 실격자로 퇴출시킨다는 선포입니다.

여기 '버려진 자'(reprobate)라는 표현은 '자격을 상실한 자'(disqualified), '실패자'(failure)라는 뜻입니다. 요즘 우리나라에서 간간이 일어나는 졸업 취소, 학위 취소, 임명 취소, 자격박탈과 같은 선포입니다.

예수님은 교회에서 자기중심으로 사는 자를 냉정하게 배척하고 버리십니다. 하나님의 영광을 드러내는 대신, 자기 자신만을 나타내는 사람들을 예수님은 단호하게 실격 처리하십니다.

예수님께서 하시는 말씀 중에 가장 무서운 말씀은 바로 이것입니다. "나는 너를 모른다"(I don't know you). 청천벽력 같은 말씀 아닙니까.

오늘도 우리는 'Not I, but Christ' 신앙으로 살아야 합니다. 오직 예수 그리스도만 나타내며 살아야 합니다. 내 인생에서 내가 이룬 것이 어디에 있습니까. 모두 주님이 도와주셔서, 주님이 은혜를 주셔서 할 수 있었던 것 아닙니까. 그러니 내가 잘된 것은 모두 하나님을 자랑할 일입니다.

우리 믿음의 선조들은 아주 훌륭한 믿음의 원리를 가지고 살았습니다. 한자어로 '我生敎會死, 我死敎會生'로, '내가 살수록 교회가 죽고, 내가 죽을수록 교회가 산다.'는 것입니다. 내가 죽을수록, 나를 부정할수록 교회가 산다는 것을 기억하시기 바랍니다.

사도 바울은 갈라디아서에서 우리의 자랑은 오직 예수 그리스도뿐이어야 한다고 고백합니다(갈 6:14). 우리가 마음에 새겨야 할 고백입니다.

수시로 자기 점검을 잘해서 예수님만 나타내는 멋진 그리스도인이 되시기를 바랍니다. 그래서 하나님 나라에서 실격자가 되지 말고, 합격자가 되시기를 축원합니다.

우리는 서로 예수 그리스도로 세워 주어야 합니다

고린도후서의 핵심단어는 "위로"입니다. 전체 13장 안에서 18번이나 반복합니다. 반복하여 언급하듯 고린도후서는 위로로 시작하고, 위로로 마무리합니다. 이는 우리가 교회생활을 건강하고 행복하게 하려면 서로 위로하고 세워 주어야 함을 강조하는 것입니다. 본문 11절을 봅시다.

성도 여러분, 마지막으로 인사를 드립니다. 기뻐하십시오. 온전하게 되십시오. 서로 위로하십시오. … 그러면 사랑과 평강의 하나님께서 여러분과 함께하실 것입니다. (11절, 쉬운성경)

교회는 서로 위로하며 세워 주는 공동체입니다. 말씀 그대로 우리가 서로 위로하며 붙잡아 줄 때 하나님께서 더욱 함께하여 주십니다. 하나님은 사람을 창조하실 때부터 서로 받쳐 주고, 세워 주도록 인간을 설계하셨습니다.

요한복음 15장에서 예수님은 하나님 아버지에 대한 패러다임을 새롭게 바꿔 주십니다. 유대인에게 하나님은 무서운 분이었습니다. 그러나 예수님은 하나님을 좋은 '농부'에 비유하십니다. 농부는 비바람에 넘어지거나 쓰러진 나무를 잘라 버리지 않고 바로 잡아 일으켜 세워 줍니다. 마찬가지로 하나님은 우리를 세워 주시는 분입니다. 우리 주님은 사랑의 치유자로 오셨습니다. 정죄자가 아닌 사죄자로 오셨습니다.

이미 여러 번 밝혔듯이 사도 바울이 고린도후서를 쓴 이유는 위로하시는 하나님을 전하며 고린도교회 성도들을 든든히 세워 주기 위함입니다.

여러분과 우리를 그리스도 안에서 굳게 세우시는 분은 하나님이십니다.
(1:21, 쉬운성경)

하나님은 우리를 세워 주시는 분임을 기억하시기 바랍니다. 하나님은 넘어진 자라도 일으켜 세워 주십니다.

우리가 살아가는 이 사회는 정죄만 있고 사죄가 없습니다. 공격만 일삼고 보호해 주지 않습니다. 깎아내리기만 할 뿐, 세워 주거나 높여 주려 하지 않습니다. 비판은 잘하는데, 사랑이 없습니다. 폄론과 비방을 일삼습니다. 하나님이 결코 기뻐하시지 않는 모습입니다.

저는 보스와 리더를 다음과 같이 비교합니다. 보스는 부려먹는 사람이고, 리더는 앞장서서 섬기는 사람입니다. 보스는 사람을 밀어내고 위에서 누르지만, 리더는 끌어안아 주고 받쳐 주고 세워 줍니다.

제가 부교역자이던 때의 일입니다. 젊은 만큼 설교할 때 말이 빨랐고, 찬송가도 아주 힘차게 불렀습니다. 특히 금요기도회를 성령님을 의지하며 뜨겁게 인도했습니다. 소리 높여 찬송하고 기도했습니다. 그런데 그런 제 모습이 마음에 들지 않으셨는지, 한 선임 목사님이 저를 공개적으로 비판하셨습니다. "어떤 목회자 한 사람이 우리 장로교회를 순복음교회로 만들고 있다."며 제가 하는 일을 안 좋게 말씀하시며 제 기를 꺾으셨습니다.

그러던 어느 날, 담임목사님이 저를 당회실로 부르셨습니다.

"자네, 요즘 순복음교회 분위기로 예배를 인도하고 있다며."

"아, 예. 죄송합니다."

그런데 담임목사님의 그 다음 말씀이 저를 놀라게 했습니다.

"가슴을 뜨겁게 하는 성령기도회, 그게 바로 내가 원하는 거야. 더 뜨겁게 해!"

어른 목사님이 어린 강도사를 세워 주신 것입니다. 제가 얼마나 용기가 났겠습니까. 저는 그날 담임목사님으로부터 위로와 격려를 받고, 더욱 저 자신을 돌아보며 열심을 다했습니다. 이것이 예수 그리스도 안에서 상대를 세워 주는 것입니다.

사도 바울은 11절에서 이렇게 말합니다.

주님께서 내게 주신 권위는 사람들로 하여금 힘을 내게 하라고 주신 것이다.

(11절, 메시지성경)

하나님은 우리에게 서로를 세워 주며 살아가라는 사명을 주셨습니다. 이 사명을 잘 이루며 살아가는 사람에게 주님은 '합격자'라고 선언해 주십니다.

성경 전체를 관찰해 보면, 삼위일체 하나님은 진정한 위로자이십니다. 성부 하나님은 언제나 외롭고 고독한 자, 홀로 남아 있는 자를 찾아가 위로해 주십니다. 이미 여러 번 언급했듯이 하나님은 "어머니가 자식을 위로함같이 내가 너희를 위로할 것이라"고 약속하십니다(사 66:13).

성자 예수님은 외로운 자들을 찾아가 위로해 주시고, 그들의 다정한 친구가 되어 주십니다. 그들과 따뜻한 대화를 나누시고, 그들에게 용기와 힘을 불어넣어 주십니다. 힘들어 지친 자들, 특히 아픈 자들을 찾아가 따뜻한 손으로 만져 주시며 치료해 주십니다(히 2:18).

성령님은 '파라클레토스'라는 이름처럼, 곁으로 다가오셔서 우리에게 속삭이시는 위로의 영이십니다. 낙심하고 좌절한 우리를 일으켜 세우십니다. 우리에게 새 기운을 주셔서 다시 힘차게 살아가게 하십니다(요 14:16, 15:26; 롬 15:13).

사도 바울은 이제 웅장한 축복의 종소리로 고린도후서의 막을 내립니다.

> 우리 주 예수 그리스도의 은혜와 하나님의 사랑과 성령의 사귐이 여러분과 함께하기를 빕니다. (13절, 현대어성경)

교회는 어떤 곳입니까? 살아계신 예수님을 만나는 곳입니다. 예수님만 자랑하는 곳이고, 서로서로 세워 주는 곳입니다.

고린도후서는 교회와 교우들을 세워 주는 위로의 복음입니다. 상처를 치유해 주고, 넘어진 자를 일으켜 세우는 복음입니다. 고린도후서를 통해 사도 바울은 우리가 예수님의 능력을 힘입어 서로 일으켜 주는 신앙생활을 하자고 호소합니다. 성부 성자 성령 하나님이 우리를 위로해 주시듯이, 우리도 서로 위로하면서 살아가자고 이야기합니다. 이것이 십자가의 사랑이고 십자가의 신앙입니다. 이렇게 살아갈 때 우리는 실격자가 아닌 합격자입니다.

위로의 기도

사랑의 하나님, 우리가 오직 예수님의 능력을 구하고, 내가 아닌 예수님께서 드러나심을 기뻐하며, 곁에 있는 이들을 세워 주어 하나님께 칭찬받는 인생이 되게 하여 주시옵소서.

Encourage to look up

위로, 위를 바라보게 하는 힘

초판 1쇄 발행 2020년 1월 1일

지은이   조봉희
발행인   이영훈
편집인   김영석
편집장   박인순
기획·편집 강지은
디자인   김한희

펴낸곳   교회성장연구소
등 록   제 12–177호
주 소   서울특별시 영등포구 여의공원로 101 CCMM빌딩 7층 703B호
전 화   02–2036–7928(편집팀)
팩 스   02–2036–7910
쇼핑몰   www.icgbooks.net
홈페이지 www.pastor21.net
페이스북 www.facebook.com/pastor21

ISBN | 978-89-8304-297-2 03230

"무슨 일을 하든지 마음을 다하여 주께 하듯 하라" (골 3:23)

교회성장연구소는 한국 모든 교회가 건강한 교회성장을 이루어 하나님 나라에 영광을 돌리는 일꾼으로 성장하는 것을 목표로, 목회자의 사역은 물론 성도들의 영적 성장을 도울 수 있는 필독서들을 출간하고 있다. 주를 섬기는 사명감을 바탕으로 모든 사역의 시작과 끝을 기도로 임하며 사람 중심이 아닌 하나님 중심으로 경영한다. "무슨 일을 하든지 마음을 다하여 주께 하듯 하라"는 말씀을 늘 마음에 새겨 하나님께서 주신 사명을 기쁨으로 감당한다.